आध्यात्मिक तीर्थयात्रा

BHARAT KI ADHYATMIK YATRAWON PAR EK NAZAR

डॉ. मीनाक्षी बंसल

|| समस्त संसार के ज्ञान-प्रेमियों को समर्पित ||

जो सत्य की खोज में, ज्ञान की राह पर अग्रसर हैं।
जिनकी जिज्ञासा कभी थमती नहीं, और जिनका उद्देश्य केवल आत्मविकास ही
नहीं, बल्कि संसार के कल्याण का भी है—यह कृति उन सभी साधकों को सादर
अर्पित है।

क्रम-सूची

क्रम-सूची

प्रार्थना

ॐ भद्रं कर्णेभिः श्रृणुयाम देवाः।
भद्रं पश्येमाक्षभिर्यजत्राः।
स्थिरैरंगैस्तुष्टुवांसस्तनूभिः।
व्यशेम देवहितं यदायुः।
स्वस्ति न इंद्रो वृद्धश्रवाः।
स्वस्ति नः पूषा विश्ववेदाः।
स्वस्ति नस्ताक्ष्र्यो अरिष्टनेमिः।
स्वस्ति नो बृहस्पतिर्दधातु।
ॐ शांतिः शांतिः शांतिः।

यह मंत्र सार्वभौमिक कल्याण के लिए प्रार्थना है। इसमें विभिन्न देवताओं से सुरक्षा, स्वास्थ्य और सुख के लिए आशीर्वाद की याचना की गई है। यह मंत्र सभी इंद्रियों से शुभ का अनुभव करने और दिव्य उद्देश्य के साथ जीवन जीने के महत्व को रेखांकित करता है।

इंद्र, पूषा, ताक्ष्र्य (गरुड़) और बृहस्पति की कृपा से यह प्रार्थना जीवन में कल्याण और शांति की कामना करती है। अंत में "ॐ शांतिः शांतिः शांतिः" तीन बार दोहराने का अर्थ है - व्यक्तिगत, पर्यावरणीय, और वैश्विक स्तर पर शांति की गहन कामना। यह मंत्र शांति, समृद्धि और सभी प्राणियों के शारीरिक एवं आध्यात्मिक कल्याण के लिए पाठ किया जाता है।

लेखिका के बारे में

डॉ. मीनाक्षी बंसल, जो भारत की राजधानी दिल्ली में जन्मीं, ने अपनी ज़िंदगी कला, शिक्षा, और समाज कल्याण के प्रति गहरी प्रतिबद्धता के साथ बिताई है। विवाह के बाद, उन्होंने अहमदाबाद, गुजरात को अपना नया निवास स्थान बनाया, जहाँ वे प्रेरणा का स्रोत बनकर उभरीं। डॉ. मीनाक्षी न केवल ललित कला की कुशल कलाकार हैं, बल्कि एक प्रतिष्ठित लेखिका, समर्पित समाजसेविका और मनोविज्ञान की विद्वान शोधकर्ता भी हैं। उनका जीवन, विशेष रूप से समाज के वंचित और पिछड़े बच्चों के उत्थान के प्रति समर्पण, सहभागिता और सहानुभूति की शक्ति में उनके गहरे विश्वास का परिचायक है।

अपने प्रारंभिक दिनों से ही मीनाक्षी ने पढ़ने के प्रति एक अदम्य लगन दिखाई। उनके साहित्यिक संसार में नैतिक कहानियाँ, प्रेरणादायक कथाएँ, और जीवन पाठों से परिपूर्ण पौराणिक गाथाएँ शामिल थीं। यह पढ़ने की आदत केवल व्यक्तिगत विकास के लिए नहीं थी, बल्कि छात्रों और सहकर्मियों के विकास के लिए इन कहानियों के सार को साझा करने की इच्छा से प्रेरित थी। वे विशेष रूप से आदि शंकराचार्य, स्वामी विवेकानंद, डॉ. एपीजे अब्दुल कलाम, महामना पंडित मदन मोहन मालवीय, महात्मा गांधी, सरदार वल्लभभाई पटेल, और विनोबा भावे जैसे ऐतिहासिक और आध्यात्मिक नेताओं के जीवन और शिक्षाओं से प्रभावित थीं। उनके विचार और जीवन कथाएँ मीनाक्षी को दृढ़ता, निःस्वार्थता और ज्ञान की खोज के आदर्शों को अपनाने के लिए प्रेरित करती रहीं।

डॉ. मीनाक्षी का मनोविज्ञान में शैक्षणिक और व्यावहारिक योगदान भी उल्लेखनीय है। एक शोधकर्ता के रूप में, उनका ध्यान मानव मन की जटिलता को समझने और मनोवैज्ञानिक कल्याण और सामाजिक समरसता के लिए संभावनाओं को उजागर करने पर केंद्रित रहा है। उनके सामाजिक कार्यों में, वे अपने अकादमिक ज्ञान को समाज के वंचित वर्गों के जीवन में वास्तविक परिवर्तन लाने के लिए उपयोग करती हैं। उनका समाज सेवा का दृष्टिकोण पारंपरिक ज्ञान और आधुनिक मनोवैज्ञानिक पद्धतियों का अनूठा संयोजन है, जो समाज के बहुआयामी मुद्दों का समाधान करता है।

उनकी कलात्मक प्रतिभाएँ, जो उनके विविध कौशल का एक और पहलू हैं, केवल व्यक्तिगत रुचि तक सीमित नहीं हैं। उनकी कला प्रतीकात्मकता और भावनात्मक गहराई से भरपूर होती है, जो उनके दार्शनिक विचारों और सामाजिक चिंताओं को व्यक्त करती है। उनकी रचनाएँ दर्शकों को उनके बुद्धिमत्ता और करुणा की गहराई में झांकने का अवसर प्रदान करती हैं।

कला और समाज विज्ञान के अतिरिक्त, डॉ. मीनाक्षी ने प्राणिक हीलिंग की उपचार कला में भी महारत हासिल की है, जिसे मास्टर चोआ कोक सुई ने विकसित किया था। यह पद्धति, जो शरीर और आभा को ठीक करने के लिए प्राण या जीवन ऊर्जा के उपयोग पर केंद्रित है, न केवल उनके लिए एक व्यक्तिगत खोज रही है, बल्कि दूसरों को उपचार प्रदान करने का एक माध्यम भी है। प्राणिक हीलिंग में उनकी दक्षता विभिन्न प्रकार के ध्यान सिखाने और अभ्यास के साथ पूरी होती है, जो व्यक्तियों और समुदायों में पुनरुत्थान, व्यक्तिगत विकास और समरसता के संवर्धन पर केंद्रित है।

डॉ. मीनाक्षी का जीवन केवल व्यक्तिगत उपलब्धियों की खोज नहीं है, बल्कि समाज के उत्थान और सशक्तिकरण के प्रति समर्पित एक यात्रा है। उनकी विविध रुचियाँ और प्रतिभाएँ—कला, साहित्य, मनोविज्ञान, और उपचार पद्धतियों को जोड़ती हुई—सेवा के एकमात्र पथ पर केंद्रित हैं। वे उन महान हस्तियों की भावना को आत्मसात करती हैं, जिन्होंने उन्हें प्रेरित किया, और अपने कार्यों और शिक्षाओं के माध्यम से उनकी विरासत को आगे बढ़ाती हैं। अपनी पुस्तकों, कला और सामाजिक पहलों के माध्यम से, वे नई पीढ़ी को आत्म-खोज, दृढ़ता और निःस्वार्थता की यात्रा पर चलने के लिए प्रेरित करती हैं।

समाज कल्याण के प्रति उनकी प्रतिबद्धता, विशेष रूप से वंचित बच्चों के उत्थान पर ध्यान केंद्रित करना, शिक्षा और व्यक्तिगत विकास की परिवर्तनकारी क्षमता की उनकी गहरी समझ को दर्शाती है। मनोविज्ञान, कलात्मक संवेदनशीलता और उपचार पद्धतियों के ज्ञान को जोड़कर, डॉ. बंसल ने एक समग्र दृष्टिकोण विकसित किया है जो न केवल तात्कालिक आवश्यकताओं बल्कि समुदायों की दीर्घकालिक भलाई को भी संबोधित करता है।

एक लेखिका के रूप में, डॉ. मीनाक्षी की रचनाएँ प्रेरणादायक अंतर्दृष्टियों,

व्यावहारिक ज्ञान और उनके विस्तृत अध्ययन और जीवन के अनुभवों से लिए गए चिंतनशील विचारों का मिश्रण प्रस्तुत करती हैं। उनकी पुस्तकें उन लोगों के लिए मार्गदर्शिका के रूप में कार्य करती हैं, जो जीवन की जटिलताओं को अनुग्रह, दृढ़ता और उद्देश्य के साथ नेविगेट करना चाहते हैं। अपनी कहानियों के माध्यम से, वे अपने पाठकों को अपने भीतर की गहराइयों का पता लगाने और समाज की सामूहिक भलाई में अर्थपूर्ण योगदान देने के लिए आमंत्रित करती हैं।

डॉ. मीनाक्षी बंसल में हमें एक अद्वितीय कलाकार, विद्वान, उपचारकर्ता और सामाजिक कार्यकर्ता का अद्भुत समन्वय मिलता है। उनका जीवन कार्य आशा का प्रतीक और दुनिया में बदलाव लाने की इच्छा रखने वाले व्यक्तियों के लिए प्रेरणा का स्रोत है। उनकी कहानी सहानुभूति और मानवता की भलाई के प्रति गहरी प्रतिबद्धता से प्रेरित व्यक्तिगत प्रयासों की शक्ति की एक प्रेरक याद दिलाती है। डॉ. मीनाक्षी की विरासत केवल उनके प्रयासों के ठोस परिणामों में नहीं है, बल्कि उस स्थायी जिज्ञासा, सहानुभूति और सेवा की भावना में है, जिसे वे प्रतिपादित करती हैं।

प्रस्तावना

जीवन के ताने-बाने में कुछ यात्राएँ ऐसी होती हैं जो शारीरिक धरातल से परे होती हैं, जो हमारी आत्मा के गहरे कोनों तक जाती हैं और एक दिव्य संबंध की चिंगारी को प्रज्वलित करती हैं। भारत, एक ऐसा देश जो आध्यात्मिकता और प्राचीन ज्ञान में डूबा हुआ है, सदियों से इस तरह की आत्मीय यात्राओं के लिए एक प्रकाश स्तंभ रहा है। यह एक ऐसा स्थान है जहाँ पवित्रता और सामान्य जीवन एक-दूसरे में घुल-मिल जाते हैं, जहाँ मंदिरों और आश्रमों में भक्ति के गीत गूँजते हैं, और जहाँ सत्य और आंतरिक शांति की खोज को पोषण मिलता है।

इस पुस्तक "आत्मिक यात्रा: भारत में आध्यात्मिक यात्राओं की खोज" का प्रेरणा स्रोत मेरे अपने गहरे अनुभवों से निकला है, जब मैंने इस रहस्यमयी और आकर्षक भूमि की यात्रा की। एक महिला के रूप में, जो अपने और अपने चारों ओर की दुनिया को समझने की गहरी इच्छा रखती थी, मैंने भारत में कई तीर्थ यात्राएँ कीं, और प्रत्येक यात्रा ने मुझे भीतर छिपे उस सत्य के करीब पहुँचाया।

मेरी यात्रा वाराणसी से शुरू हुई, पवित्र गंगा नदी के तट पर स्थित यह अनन्त नगर जीवन और मृत्यु के चक्र को उसके असली और अनछुए रूप में प्रकट करता है। यहाँ की गलियों, घाटों और वातावरण ने मुझे अस्तित्व की क्षणभंगुरता और सृजन और विघटन के शाश्वत नृत्य का बोध कराया।

वाराणसी से, मैं ऋषिकेश पहुँची, जिसे विश्व की योग राजधानी कहा जाता है। हिमालय की गोद में बसा ऋषिकेश आत्म-निरीक्षण और आध्यात्मिक साधना के लिए एक शांति स्थल है। यहाँ के आश्रमों और योग स्कूलों ने मुझे आंतरिक शांति, सतर्कता, और आत्म-जागरूकता सिखाने वाली शिक्षाओं से भरा।

मेरी तीर्थ यात्रा फिर हरिद्वार तक पहुँची, देवताओं का प्रवेश द्वार। यहाँ कुंभ मेला के दौरान लाखों श्रद्धालुओं का संगम देखा, जो पवित्र गंगा में डुबकी लगाकर शुद्धिकरण और आशीर्वाद पाने की इच्छा रखते हैं। इस अनुभव ने मुझे आस्था की शक्ति और आध्यात्मिक जुड़ाव की सामूहिक आकांक्षा का महत्व समझाया।

अमृतसर के स्वर्ण मंदिर ने मुझे सिख भक्ति और एकता और समानता के प्रतीक

के रूप में प्रेरित किया। लंगर, जहाँ हर दिन हज़ारों लोगों को निःशुल्क भोजन कराया जाता है, निस्वार्थ सेवा का एक आदर्श उदाहरण है।

बोधगया, जहाँ गौतम बुद्ध ने ज्ञान प्राप्त किया, वह जगह मेरे लिए गहन श्रद्धा और आत्म-चिंतन का स्थल थी। महाबोधि मंदिर, बुद्ध के करुणा, ज्ञान, और अहिंसा के उपदेशों का प्रतीक है।

धर्मशाला, दलाई लामा का निवास स्थान, तिब्बती संस्कृति और आध्यात्मिकता की झलक प्रस्तुत करता है। यहाँ का त्सुगलाखंग कॉम्प्लेक्स तिब्बती इतिहास, संस्कृति, और आध्यात्मिक शिक्षाओं का खज़ाना है।

मेरी भारत यात्रा ने मुझे तिरुपति, रामेश्वरम, मदुरै, कांचीपुरम, उज्जैन, पुष्कर, द्वारका, मथुरा, वृंदावन, अजमेर, और शिरडी तक पहुँचाया। इन सभी स्थानों ने मुझे भारत की विविध धार्मिक और सांस्कृतिक परंपराओं को समझने का अवसर दिया।

इन सभी अनुभवों ने मेरे भीतर आत्मीयता, कृतज्ञता और इस भूमि की आध्यात्मिकता के प्रति गहरा सम्मान जगाया। इस पुस्तक में मेरे अनुभवों को साझा करने का उद्देश्य यह है कि यह दूसरों को भी अपनी आध्यात्मिक यात्रा पर चलने के लिए प्रेरित करे, अपने भीतर के छिपे खजाने को खोजे, और भारत की आध्यात्मिक परंपराओं की विविधता और समृद्धि को गले लगाए।

डॉ. मीनाक्षी बंसल
सामाजिक कार्यकर्ता
अहमदाबाद, गुजरात, भारत

1

वाराणसी: जहाँ गंगा की लहरें शाश्वत सत्य फुसफुसाती हैं

वाराणसी, एक ऐसा शहर है जो गंगा की लहरों के संग गूँजता है, जीवन, मृत्यु और आध्यात्मिकता की जटिल परतों का शाश्वत प्रतीक है। यहाँ के सँकरे रास्ते, रंग-बिरंगे घाट, और हवा में गूँजते भजनों की ध्वनि, वाराणसी को ऐसा स्थान बनाते हैं जहाँ अतीत और वर्तमान, और सांसारिकता और पवित्रता, एक साथ मौजूद होते हैं।

जैसे ही आप वाराणसी की तंग गलियों में कदम रखते हैं, आपकी इंद्रियाँ विभिन्न दृश्य, ध्वनियों, और सुगंधों से भर जाती हैं। धूप की महक मसालों की सुगंध के साथ मिलती है, मंदिरों की घंटियों की ध्वनि दुकानदारों की आवाजों में घुल जाती है, और रंग-बिरंगी साड़ियों और धोती के रंग पुराने भवनों के मूक रंगों में जान फूंकते हैं। यह आत्मा को जागृत करने वाला शहर है, जो आत्म-चिंतन और गहरी सोच की ओर आकर्षित करता है।

वाराणसी का हृदय गंगा के पवित्र तट पर स्थित घाटों में है, जो शहर के आध्यात्मिक जीवन का केंद्र हैं। सूर्योदय से लेकर सूर्यास्त तक, यहाँ पूजा, स्नान और प्रार्थनाओं का सिलसिला चलता रहता है। घाट जीवन के सूक्ष्म रूप हैं, जहाँ जन्म, मृत्यु और नवीकरण को समान भाव से मनाया जाता है।

मणिकर्णिका घाट पर जीवन और मृत्यु का चक्र साफ़ दिखाई देता है। यहाँ प्रियजनों का अंतिम संस्कार मंत्रों के उच्चारण और परिजनों के विलाप के बीच किया जाता है, जो जीवन की क्षणभंगुरता और आत्मा की अनंत यात्रा का स्मरण कराता है।

इसके विपरीत, दशाश्वमेध घाट पर शाम की आरती का दृश्य पूरे जोश और उत्साह से भरा होता है। जैसे ही सूर्य गंगा में डूबता है, आरती के दीपों की रोशनी, मंत्रों की गूंज, और धूप की सुगंध वातावरण को एक दिव्य आभा से भर देती है। यह एक ऐसा क्षण होता है जहाँ हर व्यक्ति पवित्रता में खो जाता है।

घाटों के आगे, वाराणसी के मंदिरों में आध्यात्मिक धरोहर का प्रतीक काशी विश्वनाथ मंदिर, भगवान शिव को समर्पित है। इसके सुनहरे शिखर से भक्तगण दूर-दूर से आकर्षित होते हैं। इसी प्रकार, संकट मोचन हनुमान मंदिर में भक्तों की भीड़ अपने जीवन की बाधाओं को दूर करने और इच्छाओं की पूर्ति के लिए भगवान हनुमान से आशीर्वाद मांगती है।

साधुओं की उपस्थिति भी वाराणसी में आध्यात्मिक रहस्य की एक झलक है। ये भिक्षा पर जीवन बिताने वाले साधु, जो गेरुए वस्त्र पहनते हैं और अपने शरीर पर राख मलते हैं, यहाँ के घाटों और गलियों में ध्यान में लीन रहते हैं।

यह शहर न केवल आध्यात्मिकता का केंद्र है बल्कि शिक्षा और सांस्कृतिक गतिविधियों का भी केंद्र है। बनारस हिंदू विश्वविद्यालय, जो देश का एक प्रमुख विश्वविद्यालय है, इसी शहर में स्थित है और यह विद्वानों, कलाकारों, और नेताओं को जन्म देता है।

वाराणसी की सांस्कृतिक धरोहर भी यहाँ के संगीत, नृत्य, और कला में दिखाई देती है। बनारसी संगीत घराने के शास्त्रीय संगीत की मधुर ध्वनियाँ और कठक जैसे नृत्य यहाँ के सांस्कृतिक वैभव को प्रदर्शित करते हैं।

परंपराओं में डूबा हुआ यह शहर आधुनिकता को भी अपना रहा है। पर्यटकों की बढ़ती भीड़ के साथ-साथ, यहाँ पर आधुनिक सुविधाओं और आधारभूत संरचना का विकास भी हो रहा है। हालाँकि, पर्यटन में बढ़ोतरी से भीड़भाड़, प्रदूषण, और

व्यापारिकरण जैसी समस्याएँ भी उभर कर आई हैं।

इन सब के बावजूद, वाराणसी एक ऐसा शहर बना हुआ है जो आत्मा को प्रेरित करता है, मन को चुनौती देता है, और आत्मा को पोषण देता है। यह हमें जीवन, मृत्यु और आध्यात्मिकता के रहस्यों में गहराई तक जाने के लिए आमंत्रित करता है।

अंत में, वाराणसी एक ऐसा शहर है जो परिभाषाओं से परे है। यह एक ऐसा शहर है जहाँ प्राचीन और आधुनिक, पवित्र और सांसारिक, आध्यात्मिक और भौतिक एक साथ अस्तित्व में रहते हैं। गंगा की पवित्र लहरों के साथ यह शहर हमें जीवन के शाश्वत चक्र और आध्यात्मिकता की खोज के प्रति प्रेरित करता है।

वाराणसी, जीवन और मृत्यु की एक संगीतमय गाथा है, जहाँ गंगा अनंतता की कहानियाँ फुसफुसाती है। इस प्राचीन शहर के घाटों पर मंत्रों की लयबद्ध गूंज सुनाई देती है, जो आत्माओं को पवित्र जल में डुबकी लगाकर मोक्ष की खोज करने का आमंत्रण देती है। इस प्राचीन नगरी के केंद्र में काशी विश्वनाथ मंदिर श्रद्धा का एक दीपस्तंभ है, जिसकी स्वर्ण शिखर आकाश को छूती है।

෬෭

2

ऋषिकेश: योग की राजधानी - आंतरिक शांति की खोज

हिमालय की गोद में, जहाँ पवित्र गंगा नदी शांति से बहती है, वहीं बसा है ऋषिकेश – एक ऐसा शहर जो योग और अध्यात्म के शांत स्पंदनों से भरा हुआ है। "योग की राजधानी" के रूप में प्रसिद्ध, ऋषिकेश दुनियाभर के साधकों को आत्म-खोज और आंतरिक शांति की यात्रा पर आने के लिए आमंत्रित करता है।

ऋषिकेश में कदम रखते ही बाहरी दुनिया का शोर-शराबा फीका पड़ जाता है और उसकी जगह मंत्रों की ध्वनि, पत्तों की सरसराहट, और गंगा की शांत बहती धारा का संगीत ले लेता है। यहाँ की हवा में एक दिव्य ऊर्जा समाई हुई है जो हर कोने में महसूस होती है और आगंतुकों को धीमा चलने, गहरी सांस लेने और अपने भीतर के सार से जुड़ने के लिए प्रेरित करती है।

ऋषिकेश का आध्यात्मिक केंद्र इसके अनेक आश्रमों और योग विद्यालयों में है, जो मोक्ष की ओर जाने का अद्वितीय मार्ग प्रदान करते हैं। ये आश्रम केवल संस्थान नहीं हैं, बल्कि जीवंत समुदाय हैं जहाँ विभिन्न पृष्ठभूमि के साधक योग, ध्यान और दर्शन की गहरी समझ को प्राप्त करने के लिए एकत्रित होते हैं।

इन आश्रमों में योग केवल शारीरिक अभ्यास नहीं है, बल्कि जीवन जीने का एक

संपूर्ण तरीका है। यहाँ आसनों का अभ्यास पूर्ण ध्यान और श्रद्धा के साथ किया जाता है, जहाँ हर मुद्रा शरीर, मन और आत्मा को संरेखित करने का एक सचेत प्रयास होता है। प्राणायाम, या श्वास नियंत्रण तकनीक, जीवन ऊर्जा को संतुलित करने के लिए सिखाई जाती है, जो शरीर को पुनर्जीवित और मन को शांत करती है।

ध्यान, जो आध्यात्मिक अभ्यास का मुख्य आधार है, यहाँ सहजता से सधता है। ऋषिकेश के शांत वातावरण में मन अपने आप स्थिरता में डूब जाता है, जिससे गहरे अंतर्दृष्टि और गहरी अनुभूतियाँ उभरती हैं।

योग की शिक्षाएँ आश्रम की दीवारों तक सीमित नहीं हैं, बल्कि वे ऋषिकेश के जीवन के ताने-बाने में घुल-मिल जाती हैं। यहाँ के बाजार योग मैट, माला, धूप और अन्य आध्यात्मिक वस्तुओं से भरे होते हैं। कैफे और रेस्तरां शाकाहारी भोजन परोसते हैं जो शरीर को पोषण देता है और योगिक जीवनशैली का समर्थन करता है।

ऋषिकेश में गंगा नदी केवल एक जल स्रोत नहीं है; यह एक पवित्र सत्ता है, जिसे देवी के रूप में पूजनीय माना जाता है। तीर्थयात्री और पर्यटक इसकी पावन धाराओं में डुबकी लगाते हैं, शुद्धि और आशीर्वाद की कामना करते हैं। गंगा के घाट, विशेष रूप से शाम की आरती के समय, भक्ति के माहौल से भर जाते हैं, जब तेल के दीपकों की रोशनी, मंत्रों की ध्वनि और धूप की सुगंध से घाट पर एक दिव्य वातावरण बन जाता है।

आश्रमों और घाटों के परे, ऋषिकेश की प्राकृतिक सुंदरता आत्मा को शांत करती है और इंद्रियों को प्रफुल्लित करती है। यहाँ के जंगल, पहाड़, और झरने प्रकृति में घूमने, ट्रेकिंग करने और लंबी पैदल यात्रा के अवसर प्रदान करते हैं।

ऋषिकेश में द बीटल्स आश्रम, जो कभी मशहूर बैंड का रिट्रीट स्थल था, अब संगीत प्रेमियों और आध्यात्मिक साधकों के लिए एक लोकप्रिय तीर्थ स्थल है।

ऋषिकेश में सूर्यास्त के बाद, शहर एक शांत आश्रय बन जाता है, जहाँ प्रकृति की ध्वनियाँ प्रमुख हो जाती हैं। संध्याकाल में यहाँ सत्संग का आयोजन होता है, जहाँ

साधक एक साथ मिलकर भजन गाते हैं, ध्यान करते हैं और संतों की वाणी सुनते हैं।

ऋषिकेश में शांति की खोज केवल सीखने और अभ्यास तक सीमित नहीं है, बल्कि यह अपने में अपनापन और जुड़ाव का भी एहसास कराता है। यहाँ विभिन्न संस्कृतियों, विश्वासों और दृष्टिकोणों का मिलन होता है, जिससे आंतरिक शांति की दिशा में यात्रा शुरू होती है।

ऋषिकेश का परिवेश, इसके शिक्षकों की ज्ञानवर्धक शिक्षा, और इसके समुदाय का समर्थन आत्म-रूपांतरण के लिए आदर्श स्थान बनाता है। योग, ध्यान, या प्रकृति में समय बिताने से यहाँ आपके भीतर छिपी क्षमता खुलने लगती है और आत्मा की सच्ची प्रकृति प्रकट होती है।

अंत में, ऋषिकेश केवल एक शहर नहीं है; यह एक आध्यात्मिक आश्रय स्थल है, जो शांति, प्रेरणा, और आंतरिक शांति की ओर मार्ग प्रदान करता है। यहाँ का योग, ध्यान, दर्शन, और प्राकृतिक सौंदर्य का समृद्ध ताना-बाना सभी के दिलों और मस्तिष्क को मोहित कर लेता है।

जैसे गंगा बहती रहती है, अपनी लहरों में अनेकों साधकों की प्रार्थनाओं और कामनाओं को समेटे हुए, ऋषिकेश हमें याद दिलाता है कि आंतरिक शांति कोई दूर का सपना नहीं, बल्कि योग कीपरिवर्तनकारी शक्ति और दृढ़ता से अभ्यास से प्राप्त होने वाली एक वास्तविकता है।

ऋषिकेश, जहाँ हिमालय गंगा को अपने आगोश में लेता है, आंतरिक शांति के साधकों के लिए एक आश्रय स्थल है। यहाँ के शांत आश्रम और योग विद्यालय प्राचीन ज्ञान और जागरूकता के अभ्यास के माध्यम से आत्म-खोज का मार्ग प्रस्तुत करते हैं। गंगा की लयबद्ध धारा और पत्तों की धीमी सरसराहट आपको शांति की ओर मार्गदर्शित करने के लिए आमंत्रित करती है।

3

हरिद्वार: देवताओं का द्वार - पवित्र जल में स्नान

हरिद्वार, जो पवित्र गंगा नदी के किनारे बसा एक प्राचीन शहर है, आध्यात्मिकता और परंपराओं में डूबा हुआ है। "हरि-द्वार" या "भगवान का द्वार" के नाम से जाना जाने वाला यह स्थान लाखों तीर्थयात्रियों और साधकों के लिए एक आध्यात्मिक द्वार है, जो यहाँ गंगा के पवित्र जल में स्नान कर एक परिवर्तनकारी यात्रा पर निकलते हैं।

इस शहर का आध्यात्मिक महत्व हर कोने में महसूस किया जा सकता है, जहाँ भक्तगण स्नान के लिए घाटों पर इकट्ठा होते हैं, और कई मंदिर और आश्रम इस स्थान को सुंदर बनाते हैं। हरिद्वार की जीवंतता विश्वास की अटूट शक्ति और ईश्वर से जुड़ने की मानवीय आकांक्षा का प्रतीक है।

हर की पौड़ी, हरिद्वार का सबसे पवित्र घाट, आध्यात्मिक गतिविधियों का केंद्र है। यहाँ गंगा एक मृदु प्रवाह के साथ बहती है, भक्तों को अपने पवित्र जल में स्नान करने के लिए आमंत्रित करती है। यह घाट विशेष रूप से संध्या आरती के समय आकर्षक दृश्य प्रस्तुत करता है, जब हजारों दीपक जलाकर गंगा देवी को अर्पित किए जाते हैं। वातावरण मंत्रोच्चारण, धूप की सुगंध और भक्ति की सामूहिक ऊर्जा से भरा होता है।

कुंभ मेला, जो हर बारह साल में हरिद्वार में आयोजित होता है, इस शहर के आध्यात्मिक महत्व का प्रमाण है। इस शुभ अवसर पर दुनिया भर से लाखों तीर्थयात्री हरिद्वार में इकट्ठा होते हैं, गंगा में पवित्र स्नान करते हैं और ईश्वर का आशीर्वाद प्राप्त करते हैं। कुंभ मेला अपने विशाल जनसमूह, रंगीन जुलूसों और विश्वास की जीवंत अभिव्यक्तियों के साथ देखने योग्य होता है।

हर की पौड़ी के अलावा, हरिद्वार साधकों के लिए कई आध्यात्मिक अनुभव प्रदान करता है। बिल्व पर्वत की चोटी पर स्थित मां मनसा देवी मंदिर देवी मनसा को समर्पित है, जो इच्छाओं को पूर्ण करती हैं। भक्त यहाँ प्रार्थना करने और अपनी इच्छाओं के पूर्ति के लिए आशीर्वाद प्राप्त करने आते हैं।

हरिद्वार में एक और पूजनीय मंदिर चंडी देवी मंदिर है, जो देवी चंडी को समर्पित है, जो शक्ति का प्रचंड स्वरूप है। यह मंदिर आदि शंकराचार्य द्वारा 8वीं सदी में स्थापित किया गया माना जाता है।

दक्ष महादेव मंदिर, जिसे दक्षेश्वर महादेव मंदिर के नाम से भी जाना जाता है, भगवान शिव को समर्पित है। ऐसा माना जाता है कि यहाँ राजा दक्ष प्रजापति, सती के पिता, ने एक यज्ञ का आयोजन किया था, जिससे सती के आत्मदाह और भगवान शिव के विनाशकारी तांडव की श्रृंखला शुरू हुई थी।

हरिद्वार के कई आश्रम एक शांत वातावरण प्रदान करते हैं जो आध्यात्मिक साधना और आत्मचिंतन के लिए उपयुक्त है। ये शिक्षण और भक्ति के केंद्र व्यक्तियों को उनकी आध्यात्मिक यात्रा में गहराई तक ले जाने में सहायता प्रदान करते हैं।

सप्त ऋषि आश्रम, जिसे सात ऋषियों का आश्रम कहा जाता है, हरिद्वार में एक आदरणीय संस्थान है। ऐसा माना जाता है कि यहाँ सप्त ऋषियों - कश्यप, वशिष्ठ, अत्रि, विश्वामित्र, जमदग्नि, भारद्वाज और गौतम - ने गंगा के किनारे ध्यान किया था। आश्रम योग, ध्यान और वेदांत दर्शन के पाठ्यक्रम प्रदान करता है, जो दुनिया भर के साधकों को आकर्षित करता है।

शांतिकुंज आश्रम, जो अखिल विश्व गायत्री परिवार द्वारा स्थापित किया गया

है, एक आधुनिक आश्रम है जो सामाजिक सुधार और आध्यात्मिक उन्नति पर केंद्रित है। आश्रम विभिन्न कार्यक्रम और कार्यशालाएँ प्रदान करता है जो व्यक्तिगत और सामाजिक परिवर्तन को बढ़ावा देते हैं।

हरिद्वार का आध्यात्मिक परिदृश्य केवल मंदिरों और आश्रमों तक सीमित नहीं है। यहाँ के जीवंत बाजार धार्मिक सामग्री, आयुर्वेदिक औषधियाँ और पारंपरिक हस्तशिल्प से भरे हुए हैं। वातावरण में धूप की खुशबू, मसालों की महक और भक्ति संगीत के सुर मिलकर इसे और भी आकर्षक बना देते हैं।

हरिद्वार का भोजन यहाँ की आध्यात्मिकता को दर्शाता है। अधिकतर रेस्तरां और खाने की जगहों पर शाकाहारी भोजन परोसा जाता है, जिसमें ताजे और स्थानीय सामग्री का उपयोग होता है। शहर के स्ट्रीट फूड का अपना एक अलग ही स्वाद है, जो तरह-तरह के चटपटे नाश्तों और मिठाइयों के साथ स्वाद को मंत्रमुग्ध कर देता है।

हालाँकि हरिद्वार मुख्य रूप से एक आध्यात्मिक स्थल है, यह क्षेत्र की समृद्ध सांस्कृतिक धरोहर की झलक भी प्रस्तुत करता है। शहर की वास्तुकला में प्राचीन और आधुनिक का संगम देखा जा सकता है, जहाँ पारंपरिक मंदिर और हवेलियाँ आधुनिक इमारतों के साथ सह-अस्तित्व में हैं।

हर की पौड़ी पर गंगा आरती एक दैनिक अनुष्ठान है जो शहर की सांस्कृतिक परंपराओं को प्रदर्शित करता है। आरती एक आकर्षक दृश्य प्रस्तुत करती है, जिसमें पुजारी मंत्रों का जाप करते हुए दीपकों को एक लय में घुमाते हैं, जिससे प्रकाश और ध्वनि का अद्भुत संगम बनता है।

हरिद्वार का कुंभ मेला केवल एक धार्मिक समागम नहीं है; यह एक सांस्कृतिक आयोजन भी है। मेले में संगीत और नृत्य प्रदर्शन, प्रदर्शनी और सेमिनार जैसे कई सांस्कृतिक कार्यक्रम आयोजित किए जाते हैं। यह भारत भर के कलाकारों और शिल्पकारों के लिए अपनी प्रतिभा और रचनात्मकता को प्रदर्शित करने का एक मंच है।

हरिद्वार की प्राकृतिक सुंदरता इसे और भी आकर्षक बनाती है। शहर हरे-भरे

जंगलों, पहाड़ियों और गंगा नदी से घिरा हुआ है। हरिद्वार के बाहरी क्षेत्र में स्थित राजाजी नेशनल पार्क, विविध वनस्पति और जीव-जंतुओं का घर है, जिसमें हाथी, बाघ और तेंदुए भी शामिल हैं।

गंगा के किनारे स्थित चिल्ला वन्यजीव अभयारण्य पक्षी प्रेमियों के लिए एक आदर्श स्थान है, जहाँ 315 से अधिक प्रजातियों के पक्षी पाए जाते हैं। शिवालिक पहाड़ियों में स्थित नीलकंठ महादेव मंदिर एक लोकप्रिय तीर्थ स्थल है जो आसपास के दृश्य का एक शानदार अनुभव प्रदान करता है।

हरिद्वार का आध्यात्मिक और सांस्कृतिक महत्व इसे दुनिया भर के पर्यटकों के लिए एक लोकप्रिय स्थल बनाता है। शहर के पर्यटन उद्योग ने हाल के वर्षों में तेजी से वृद्धि की है, जिसमें विभिन्न बजट और पसंदों के अनुसार आवास के कई विकल्प हैं।

पर्यटकों की भीड़ के साथ-साथ यहाँ भीड़भाड़, प्रदूषण और व्यवसायीकरण जैसी चुनौतियाँ भी आई हैं। हालाँकि, शहर के अधिकारी इन मुद्दों से निपटने के लिए कदम उठा रहे हैं, जिसमें सतत पर्यटन को बढ़ावा देने और शहर की अनूठी पहचान को संरक्षित करने के लिए प्रयास किए जा रहे हैं।

अंत में, हरिद्वार भारत की आध्यात्मिक धरोहर का प्रतीक है। यह वह स्थान है जहाँ प्राचीन और आधुनिक, पवित्र और सांसारिक, आध्यात्मिक और भौतिक तत्व संतुलन में सह-अस्तित्व में हैं।

चाहे हर की पौड़ी घाट पर आशीर्वाद प्राप्त करना हो, शहर के विभिन्न मंदिरों और आश्रमों का अन्वेषण करना हो, या केवल यहाँ की जीवंतता में डूबना हो, हरिद्वार साधकों के लिए एक अनूठा और परिवर्तनकारी अनुभव प्रदान करता है।

गंगा निरंतर बहती रहती है, अपने साथ लाखों लोगों की आशाओं और आकांक्षाओं को लेकर, हरिद्वार विश्वास की अटूट शक्ति और आध्यात्मिक ज्ञान की मानवीय खोज का एक शाश्वत प्रतीक है।

৽৵

"हरिद्वार, देवताओं का द्वार, जहाँ पवित्र गंगा पवित्रता और नवजीवन का आशीर्वाद देती है। कुंभ मेले का अद्भुत नजारा देखिए, जहाँ लाखों लोग आस्था और भक्ति की जीवंतता को प्रदर्शित करते हैं। पवित्र जल में एक डुबकी लगाइए और दिव्य ऊर्जा को महसूस कीजिए।"

৽

4

अमृतसर: स्वर्ण मंदिर का दिव्य आलिंगन - सिख आध्यात्मिकता

अमृतसर, जो इतिहास और आध्यात्मिकता में डूबा हुआ एक शहर है, स्वर्ण मंदिर का पर्याय है, जो सिख भक्ति का प्रतीक और एकता और समानता का प्रतीक है। इस शहर का नाम "अमृत सरोवर" से लिया गया है, जो मंदिर के चारों ओर का अमृत कुंड है, जो इसकी पवित्रता और उस परिवर्तनकारी शक्ति को दर्शाता है जो यह लाखों भक्तों के लिए रखता है।

स्वर्ण मंदिर परिसर में प्रवेश करना एक दिव्य शांति और करुणा की दुनिया में प्रवेश करने के समान है। हरमंदिर साहिब का सुनहरा मुख, मंदिर का पवित्र स्थान, सूर्य की किरणों में चमकता है और एक ईथर चमक पैदा करता है जो आत्मा को मोहित और ऊंचा कर देता है। मंदिर की वास्तुकला, जो हिंदू और इस्लामी शैलियों का मिश्रण है, सिख दर्शन की समावेशिता और स्वीकार्यता को दर्शाती है।

अमृत सरोवर, जो मंदिर को घेरे हुए पवित्र कुंड है, में उपचार की शक्ति होने का विश्वास है। जीवन के सभी क्षेत्रों से आए भक्त इसके पवित्र जल में स्नान करते हैं, शारीरिक और आध्यात्मिक शुद्धि की खोज में। कुंड की शांत सतह पर स्वर्ण मंदिर की प्रतिछाया तैरती हुई प्रतीत होती है, जो एक अद्भुत दृश्य प्रस्तुत करती है।

हरमंदिर साहिब की ओर जाने वाला मार्ग एक प्रतीकात्मक यात्रा है जो दिव्यता की ओर ले जाती है। संगमरमर के पुल पर चलते हुए मन धीरे-धीरे स्थिर होता है और हृदय उस आध्यात्मिक ऊर्जा के प्रति खुलता है जो वहां की हवा में व्याप्त होती है। मंदिर के अंदर से गूंजते गुरु ग्रंथ साहिब के पाठ की ध्वनि इस शांति में और अधिक संतोष जोड़ती है।

हरमंदिर साहिब, जो स्वर्ण मंदिर परिसर का हृदय है, एक गहरी श्रद्धा और भक्ति का स्थान है। गुरु ग्रंथ साहिब, जो एक सज्जित मंच पर एक छत्र के नीचे स्थापित है, पूजा का मुख्य केंद्र है। भक्त इस पवित्र स्थल के चारों ओर परिक्रमा करते हैं, प्रार्थना करते हैं और गुरु से आशीर्वाद प्राप्त करते हैं।

हरमंदिर साहिब का आंतरिक भाग सोने और चांदी की जटिल कारीगरी से सुसज्जित है, जो विस्मय और आश्चर्य को प्रेरित करता है। दीवारों पर कीमती पत्थरों की सजावट है और छत पर सिख इतिहास और पौराणिक कथाओं के दृश्य चित्रित हैं। यहाँ का माहौल शांति और भक्ति से भरा होता है, जहाँ मन स्वाभाविक रूप से ध्यान और प्रार्थना की ओर आकर्षित होता है।

स्वर्ण मंदिर परिसर केवल पूजा स्थल ही नहीं है; यह सामुदायिक जीवन का एक जीवंत केंद्र भी है। यहाँ का लंगर, या सामुदायिक रसोई, सिख सेवा सिद्धांत का प्रमाण है। यहाँ स्वयंसेवक प्रतिदिन हजारों लोगों को निःशुल्क भोजन परोसते हैं, चाहे उनका जाति, धर्म या सामाजिक स्थिति कुछ भी हो।

लंगर समानता और करुणा का एक शक्तिशाली प्रतीक है, जहाँ सभी को सादे परन्तु पोषक भोजन का हिस्सा बनने का आमंत्रण है। परोसने और साथ में खाने का कार्य सामुदायिक भावना और साझा मानवता को बढ़ावा देता है, सामाजिक बाधाओं को पार करते हुए एकता का सन्देश देता है।

अकाल तख्त, जो सिख धर्म में सर्वोच्च लौकिक सत्ता का स्थान है, हरमंदिर साहिब के विपरीत स्थित है। अकाल तख्त सिख संप्रभुता और न्याय का प्रतीक है, जहाँ सिख समुदाय से जुड़े महत्वपूर्ण निर्णय लिए जाते हैं। यह एक सीखने और विमर्श का स्थान भी है, जहाँ विद्वान और धर्मशास्त्री सिख धर्मग्रंथों और परंपराओं की

व्याख्या और चर्चा करते हैं।

स्वर्ण मंदिर परिसर केवल एक धार्मिक स्थल ही नहीं है; यह सिख इतिहास और संस्कृति का एक जीवंत संग्रहालय भी है। परिसर में स्थित केंद्रीय सिख संग्रहालय में सिख यात्रा की शुरुआत से लेकर वर्तमान तक के ऐतिहासिक वस्त्र, पांडुलिपियाँ और चित्र संग्रहित हैं।

संग्रहालय की प्रदर्शनी सिख गुरुओं के जीवन, उनकी शिक्षाओं और सिख समुदाय के संघर्ष और विजय को दिखाती है। यहाँ सिखों की समृद्ध कलात्मक और सांस्कृतिक धरोहर भी प्रदर्शित की जाती है, जिसमें पारंपरिक परिधान, हथियार और संगीत वाद्ययंत्र शामिल हैं।

स्वर्ण मंदिर परिसर का सिख इतिहास में बहुत बड़ा महत्व है। इसने सिख इतिहास के अनेक घटनाओं का साक्षी रहा है, जिसमें पाँचवें सिख गुरु, गुरु अर्जन देव जी का बलिदान और 1984 में भारतीय सरकार द्वारा किया गया ऑपरेशन ब्लू स्टार शामिल हैं।

अमृतसर, जो स्वर्ण मंदिर का घर है, सिख आध्यात्मिकता की लय से जीवंत है। शहर की गलियाँ धार्मिक सामग्री, पारंपरिक परिधानों और स्थानीय व्यंजनों की दुकानों से भरी हुई हैं। मसालों और धूप की सुगंध वातावरण में घुली होती है, जो एक ऊर्जा से भरपूर और शांति प्रदान करने वाला अनुभव बनाता है।

जलियाँवाला बाग, जो स्वर्ण मंदिर के पास स्थित एक सार्वजनिक उद्यान है, सिखों द्वारा स्वतंत्रता के संघर्ष में दिए गए बलिदानों की एक मार्मिक यादगार है। 1919 में इस बाग में सैकड़ों निहत्थे नागरिकों को ब्रिटिश सैनिकों द्वारा मार दिया गया था। बाग की दीवारों पर गोलियों के निशान औपनिवेशिक युग की क्रूरता की ठंडी याद दिलाते हैं।

वाघा बॉर्डर, जो अमृतसर के बाहरी इलाके में स्थित है, एक लोकप्रिय पर्यटक आकर्षण है जहाँ भारत और पाकिस्तान के बीच दैनिक सीमा बंद करने का समारोह आयोजित होता है। यह समारोह सैन्य प्रदर्शन और देशभक्ति का अद्भुत दृश्य प्रस्तुत करता है, जो बड़ी संख्या में दर्शकों को आकर्षित करता है।

अमृतसर का खाद्य दृश्य इस शहर की समृद्ध सांस्कृतिक धरोहर को दर्शाता है। शहर अपने अमृतसरी कुलचा, जो आलू और मसालों से भरी एक प्रकार की रोटी है, और अमृतसरी मछली के लिए प्रसिद्ध है, जिसे चने के आटे और मसालों में लपेट कर तला जाता है। शहर का स्ट्रीट फूड अपने आप में एक स्वादिष्ट सफर है, जो कई प्रकार के चटपटे नाश्तों और मिठाइयों के साथ स्वाद को लुभाता है।

अमृतसर एक ऐसा शहर है जो परंपरा और आधुनिकता को सहजता से मिलाता है। जहाँ यह अपनी आध्यात्मिक और सांस्कृतिक विरासत में गहराई से निहित है, यह एक विकसित शहरी केंद्र भी है जिसकी अर्थव्यवस्था तेजी से बढ़ रही है। शहर का बुनियादी ढांचा अच्छी तरह से विकसित है, जो इसके निवासियों और आगंतुकों की आवश्यकताओं को पूरा करता है।

अमृतसर की मेहमाननवाजी प्रसिद्ध है। यहाँ के लोग गर्मजोशी से स्वागत करने वाले और अपनी संस्कृति और परंपराओं को साझा करने के लिए सदैव तैयार रहते हैं। सेवा की भावना, या निःस्वार्थ सेवा, इस शहर की आत्मा में बसी है, जो इसे एक ऐसा स्थान बनाता है जहाँ लोग घर जैसा महसूस करते हैं।

अंत में, अमृतसर एक ऐसा शहर है जो सिख आध्यात्मिकता के सार को समेटे हुए है। यह एक ऐसा स्थान है जहाँ विश्वास, इतिहास और संस्कृति मिलकर एक अद्वितीय और अविस्मरणीय अनुभव का निर्माण करते हैं। स्वर्ण मंदिर, अपने दिव्य आलिंगन के साथ, अमृतसर का हृदय और आत्मा है, जो सभी को अपनी पवित्रता में समेटने के लिए आमंत्रित करता है।

जैसे-जैसे यह शहर बदलते समय के साथ विकसित होता जा रहा है, यह अपनी समृद्ध विरासत को संजोए रखने और समानता, करुणा और सेवा के मूल्यों को बनाए रखने के लिए दृढ़ रहता है। अमृतसर विश्वास की स्थायी शक्ति और अर्थ और उत्कृष्टता की मानवीय खोज का प्रतीक है।

"अमृतसर, सिख आध्यात्मिकता का उज्ज्वल हृदय, जहाँ स्वर्ण मंदिर की सुनहरी चमक आत्मा को प्रकाशित करती है। लंगर की गर्मजोशी का अनुभव करें, जहाँ निःस्वार्थ सेवा और बाँटने की भावना शरीर और आत्मा का पोषण करती है। स्वर्ण मंदिर, जो एकता और समानता का प्रतीक है, सभी को अपने पवित्र आलिंगन में बुलाता है।"

5

बोधगया: महाबोधि मंदिर - जहाँ बुद्ध ने ज्ञान प्राप्त किया

बोधगया, भारत के बिहार राज्य का एक छोटा शहर, बौद्ध दुनिया में एक अद्वितीय महत्व रखता है। यहीं, एक पवित्र बोधि वृक्ष की छांव में, सिद्धार्थ गौतम, जिन्होंने सत्य की खोज में अपना राज-पाठ त्याग दिया था, ने ज्ञान प्राप्त किया और बुद्ध बन गए। आज बोधगया एक अत्यंत पवित्र तीर्थ स्थल के रूप में खड़ा है, जहाँ लाखों श्रद्धालु और साधक बुद्ध को श्रद्धांजलि देने और उनके मुक्ति की यात्रा को पुनः खोजने आते हैं।

बोधगया के हृदय में महाबोधि मंदिर स्थित है, जो एक यूनेस्को विश्व धरोहर स्थल है और बुद्ध की अद्वितीय विरासत का एक भव्य प्रतीक है। मंदिर परिसर, अपनी ऊँची मीनारों, जटिल नक्काशियों और शांत वातावरण के साथ, एक ऐसा दिव्य माहौल प्रस्तुत करता है जो आगंतुकों को आध्यात्मिक जागरण की ओर ले जाता है।

महाबोधि मंदिर का इतिहास तीसरी सदी ईसा पूर्व का है, जब सम्राट अशोक, जो बौद्ध धर्म के महान संरक्षक थे, ने उस स्थल पर एक मंदिर बनवाया जहाँ बुद्ध ने ज्ञान प्राप्त किया था। सदियों के दौरान, मंदिर में कई बार जीर्णोद्धार और विस्तार हुआ, और आज का वर्तमान ढांचा बौद्ध भक्ति का एक प्रेरक प्रतीक बनकर खड़ा

है।

मंदिर की वास्तुकला विभिन्न शैलियों का सुंदर मिश्रण है, जो सदियों से बौद्ध धर्म को प्रभावित करने वाली विविध सांस्कृतिक धाराओं को दर्शाती है। मुख्य मीनार, जिसे शिखर कहते हैं, सूर्य की किरणों में चमकते हुए स्वर्ग की ओर ऊँचा उठता है। मंदिर की दीवारों पर उकेरी गई नक्काशियाँ बुद्ध के जीवन, उनकी शिक्षाओं और बौद्ध पौराणिक कथाओं के विभिन्न दृश्य प्रस्तुत करती हैं।

महाबोधि मंदिर का गर्भगृह एक विशाल बुद्ध प्रतिमा को समर्पित है, जिसमें बुद्ध ध्यान मुद्रा में बैठे हैं। प्रतिमा का शांत मुख और कोमल मुस्कान एक शांति और करुणा की आभा प्रकट करती है जो पूरे मंदिर परिसर को आवृत कर लेती है।

वह बोधि वृक्ष, जिसके नीचे बुद्ध ने ज्ञान प्राप्त किया, बोधगया का सबसे पवित्र स्थल है। इस वृक्ष का वंशज आज भी खड़ा है, बुद्ध के जागरण का एक जीवित प्रतीक और उस ज्ञान का प्रतीक जो हम सभी में निहित है। भक्त वृक्ष की परिक्रमा करते हैं, प्रार्थना करते हैं और आशीर्वाद की कामना करते हैं, उनके हृदय कृतज्ञता और श्रद्धा से भरे रहते हैं।

वज्रासन, या हीरे का सिंहासन, मंदिर परिसर में एक और पवित्र स्थल है। माना जाता है कि यही वह स्थान है जहाँ बुद्ध ने उनचास दिनों तक ध्यान में बैठे रहे और अंततः ज्ञान प्राप्त किया। वज्रासन एक गहन आध्यात्मिक महत्व का स्थान है, जहाँ श्रद्धालु ध्यान करने और बुद्ध की ऊर्जा से जुड़ने आते हैं।

महाबोधि मंदिर परिसर केवल पूजा स्थल ही नहीं है; यह बौद्ध गतिविधियों और शिक्षा का एक जीवंत केंद्र भी है। मंदिर परिसर में कई मठ और ध्यान केंद्र हैं जहाँ विभिन्न परंपराओं के भिक्षु और भिक्षुणियाँ निवास करते हैं और साधना करते हैं। ये मठवासी समुदाय बुद्ध की शिक्षाओं को संजोने और प्रसारित करने में महत्वपूर्ण भूमिका निभाते हैं, साधकों को उनकी आध्यात्मिक यात्रा में मार्गदर्शन और समर्थन प्रदान करते हैं।

मंदिर परिसर में वर्ष भर कई सांस्कृतिक और धार्मिक कार्यक्रम भी आयोजित किए जाते हैं, जो दुनिया भर के आगंतुकों को आकर्षित करते हैं। वार्षिक बोधगया

ज्ञान दिवस समारोह एक प्रमुख आकर्षण है, जहाँ हजारों तीर्थयात्री प्रार्थना, ध्यान सत्र और सांस्कृतिक कार्यक्रमों में भाग लेते हैं।

महाबोधि मंदिर में संजोई बुद्ध की शिक्षाएँ आज भी दुनिया भर के लाखों लोगों को प्रेरणा और मार्गदर्शन प्रदान करती हैं। चार आर्य सत्य, अष्टांग मार्ग, और ध्यान का सिद्धांत मानवता को शांति, करुणा और ज्ञान की ओर एक जीवन की दिशा प्रदान करते हैं।

बोधगया, अपने समृद्ध इतिहास, पवित्र स्थलों और जीवंत आध्यात्मिक समुदाय के साथ, आत्मा को जागृत करने और मन को पोषित करने वाला एक स्थल है। यहाँ, कोई बौद्ध धर्म के मूल से जुड़ सकता है, इसकी शिक्षाओं में गहराई से जा सकता है और आत्म-खोज और ज्ञान की ओर एक परिवर्तनकारी यात्रा शुरू कर सकता है।

महाबोधि मंदिर, बोधगया में बौद्ध भक्ति का केंद्र, बुद्ध के पथ पर चलने की चाह रखने वालों के लिए आशा और प्रेरणा का एक प्रतीक है। इसकी शांत आभा, उसकी शिक्षाओं की बुद्धिमत्ता और उसके मठवासी समुदाय का सहयोग, आध्यात्मिक विकास और परिवर्तन के लिए एक उर्वर वातावरण बनाता है।

अंत में, बोधगया एक अत्यंत आध्यात्मिक महत्व का स्थान है, जहाँ बुद्ध की विरासत जीवित है, साधकों की पीढ़ियों को ज्ञान की ओर यात्रा करने के लिए प्रेरित करती है। महाबोधि मंदिर, अपनी भव्यता, इतिहास और शांत वातावरण के साथ, बुद्ध की शिक्षाओं की स्थायी शक्ति और शांति, करुणा और ज्ञान के उनके सार्वभौमिक संदेश का प्रमाण है।

जैसे-जैसे बोधि वृक्ष बढ़ता जा रहा है और उसकी पत्तियाँ हल्की हवा में सरसराती हैं, बोधगया उन सभी के लिए एक पवित्र आश्रय बना हुआ है जो अपने भीतर के बुद्ध से जुड़ना और वास्तविकता के सच्चे स्वरूप को जागृत करना चाहते हैं।

"बोधगया, वह पवित्र भूमि जहाँ बुद्ध का ज्ञान फला-फूला। महाबोधि मंदिर, उनकी विरासत का एक भव्य प्रतीक, आत्मचिंतन और विचारमंथन के लिए आमंत्रित करता है। बोधि वृक्ष के नीचे बैठिए, जहाँ ज्ञान प्राप्त हुआ और उनके उपदेशों की बुद्धिमत्ता को अपनी राह में मार्गदर्शक बनने दीजिए।"

6

धर्मशाला: दलाई लामा का निवास - निर्वासन में तिब्बती बौद्ध धर्म

धर्मशाला, जो भारत के हिमाचल प्रदेश राज्य में स्थित है और खूबसूरत धौलाधार पर्वत श्रृंखला के बीच बसा है, केवल एक सुंदर पहाड़ी स्थल नहीं है; यह निर्वासन में तिब्बती बौद्ध धर्म का एक आश्रय है, जहाँ करुणा, ज्ञान, और अहिंसा की शिक्षाएँ शरण और समानता पाती हैं।

धर्मशाला का तिब्बती बौद्ध धर्म से संबंध 1959 में शुरू हुआ, जब 14वें दलाई लामा और हजारों तिब्बती शरणार्थी, तिब्बत पर चीनी कब्जे के बाद भारत में शरण लेने आए। शांत वातावरण और स्वागतशील समुदाय के कारण धर्मशाला दलाई लामा का निवास स्थान और निर्वासित तिब्बती सरकार का केंद्र बन गया।

आज धर्मशाला तिब्बती संस्कृति, आध्यात्मिकता और सक्रियता का एक समृद्ध केंद्र है। शहर की गलियों में तिब्बती दुकानें और रेस्तरां हैं, हवा में प्रार्थना पताकाएँ फड़फड़ाती हैं, और मंत्रों की ध्वनि और धूप की महक वातावरण को आध्यात्मिक बनाती है। यह एक ऐसा स्थान है जहाँ तिब्बती पहचान संजोई, पोषित और मनाई जाती है।

त्सुगलाखांग परिसर, जो दलाई लामा का आधिकारिक निवास और धर्मशाला का

आध्यात्मिक केंद्र है, तिब्बतियों और बौद्धों के लिए अत्यंत महत्वपूर्ण है। इस परिसर में नामग्याल मठ है, जो दलाई लामा का निजी मठ है, जहाँ भिक्षु दैनिक प्रार्थना, अनुष्ठान और बौद्ध धर्मग्रंथों का अध्ययन करते हैं।

त्सुगलाखांग मंदिर, जो परिसर का मुख्य मंदिर है, एक भव्य संरचना है, जिसमें जटिल भित्ति चित्र, थंका (तिब्बती स्क्रॉल चित्रकारी) और बौद्ध देवताओं की मूर्तियाँ हैं। मंदिर का शांत वातावरण और दलाई लामा के सिंहासन की उपस्थिति एक श्रद्धा और भक्ति का माहौल बनाती है।

मंदिर परिसर में तिब्बत संग्रहालय भी है, जो तिब्बती इतिहास, संस्कृति और कला का संग्रहालय है। संग्रहालय में तिब्बत की स्वतंत्रता के संघर्ष, दलाई लामा के जीवन और शिक्षाओं, और तिब्बती सांस्कृतिक धरोहर को दर्शाने वाली प्रदर्शनियाँ हैं। यहाँ आगंतुक तिब्बत के अतीत, वर्तमान और भविष्य के बारे में गहरी समझ प्राप्त कर सकते हैं।

त्सुगलाखांग परिसर में स्थित तिब्बती कृतियों और अभिलेखागार का पुस्तकालय तिब्बती साहित्य, पांडुलिपियाँ और ऐतिहासिक दस्तावेजों का खजाना है। पुस्तकालय का संग्रह तिब्बत की समृद्ध बौद्धिक और आध्यात्मिक परंपराओं का प्रतीक है, जो ज्ञान और बुद्धिमत्ता की सदियों पुरानी धरोहर को अगली पीढ़ी के लिए संरक्षित करता है।

त्सुगलाखांग परिसर के बाहर, धर्मशाला साधकों के लिए कई आध्यात्मिक अनुभव प्रदान करता है। शहर के बाहरी क्षेत्र में स्थित नॉरबुलिंका संस्थान तिब्बती कला और शिल्प के संरक्षण और संवर्धन के लिए एक केंद्र है। संस्थान की कार्यशालाओं में थंका चित्रकारी, लकड़ी पर नक्काशी, और धातु कार्य जैसी पारंपरिक तिब्बती कलाओं का प्रशिक्षण दिया जाता है, जो तिब्बती शरणार्थियों को आजीविका प्रदान करता है और उनकी सांस्कृतिक धरोहर को संरक्षित करता है।

धर्मशाला के पास स्थित ग्युटो तांत्रिक मठ तांत्रिक बौद्ध धर्म के अध्ययन और अभ्यास का एक प्रमुख केंद्र है। इस मठ के भिक्षु अपनी गहन ध्यान साधना और बहु-स्वरात्मक मंत्र पाठ के लिए जाने जाते हैं, जिसमें एक गायक कई स्वर एक

साथ निकालता है।

तिब्बती प्रदर्शन कला संस्थान (TIPA), जो 1959 में दलाई लामा द्वारा स्थापित किया गया था, तिब्बती प्रदर्शन कला के संरक्षण और संवर्धन के लिए समर्पित है। संस्थान तिब्बती संगीत, नृत्य, और रंगमंच में प्रशिक्षण प्रदान करता है, जिससे तिब्बती कलाकारों को अपनी प्रतिभा और रचनात्मकता प्रदर्शित करने का मंच मिलता है।

धर्मशाला का आध्यात्मिक परिदृश्य केवल मठों और संस्थानों तक सीमित नहीं है। यहाँ के जीवंत बाजार तिब्बती हस्तशिल्प, प्रार्थना पताकाएँ, धूप, और अन्य आध्यात्मिक सामग्री से भरे हुए हैं। तिब्बती चाय और मोमोज (पकौड़ी) की सुगंध हवा में तैरती है, जो आगंतुकों को तिब्बती व्यंजनों का स्वाद लेने के लिए आमंत्रित करती है।

वार्षिक तिब्बती नववर्ष, या लोसर, धर्मशाला में बड़े उत्साह के साथ मनाया जाता है। इस उत्सव में पारंपरिक नृत्य, संगीत प्रदर्शन और बुरी आत्माओं को दूर भगाने के लिए देवदार की धूप जलाने की रस्में होती हैं। यह समय तिब्बतियों के एक साथ आने, अपनी संस्कृति का उत्सव मनाने और स्वतंत्र तिब्बत की आशा को पुनर्जीवित करने का होता है।

दलाई लामा की करुणा, अहिंसा और आंतरिक शांति की शिक्षाएँ जीवन के सभी क्षेत्रों के लोगों के साथ गूंजती हैं। कठिनाइयों के सामने उनकी आशा और दृढ़ता का संदेश दुनिया भर में लाखों लोगों को प्रेरित करता है। धर्मशाला, दलाई लामा का निवास स्थान होने के नाते, तिब्बतियों के लिए आशा की किरण है और अपनी सांस्कृतिक पहचान और आध्यात्मिक मूल्यों को संजोने के महत्व की याद दिलाती है।

शहर की स्वागत करने वाली समुदाय और सामाजिक न्याय के प्रति इसकी प्रतिबद्धता ने इसे दुनिया भर के शरणार्थियों और साधकों के लिए एक आश्रय स्थल बना दिया है। दलाई लामा के धार्मिक संवाद और विभिन्न संस्कृतियों और धर्मों के बीच पुल बनाने की शिक्षाओं ने धर्मशाला में सहिष्णुता और समझ का माहौल बनाया है।

अंत में, धर्मशाला निर्वासन में तिब्बती बौद्ध धर्म की भावना को अभिव्यक्त करने वाला एक शहर है। यह वह स्थान है जहाँ करुणा, ज्ञान और अहिंसा की शिक्षाएँ शरण और समानता पाती हैं। शहर की जीवंत सांस्कृतिक दृश्यता, इसके आध्यात्मिक संस्थान, और इसके सामाजिक न्याय के प्रति समर्पण ने इसे जीवन के सभी क्षेत्रों के साधकों के लिए एक अद्वितीय और प्रेरणादायक स्थान बना दिया है।

जैसे-जैसे दलाई लामा अपने आशा और करुणा के संदेश के साथ लाखों लोगों को प्रेरित करते हैं, धर्मशाला मानव आत्मा की स्थायी शक्ति और प्रतिकूलताओं के सामने सांस्कृतिक धरोहर और आध्यात्मिक मूल्यों को संजोने के महत्व का प्रतीक है।

"धर्मशाला, निर्वासन में तिब्बती बौद्ध धर्म का एक आश्रय, जहाँ दलाई लामा की करुणामय उपस्थिति शांति फैलाती है। त्सुगलाखांग परिसर का अन्वेषण करें, जो तिब्बती संस्कृति और आध्यात्मिकता का भंडार है, और पर्वतों की शांति को अपनी आंतरिक शांति की यात्रा में मार्गदर्शक बनने दें।"

൭൭

7

तिरुपति: भगवान वेंकटेश्वर का आशीर्वाद - एक पवित्र पहाड़ी मंदिर

तिरुपति, जो दक्षिण भारत के आंध्र प्रदेश राज्य में पूर्वी घाट की हरी-भरी पहाड़ियों के बीच स्थित है, तिरुमला वेंकटेश्वर मंदिर का पर्याय है, जो दुनिया के सबसे पूजनीय और सबसे अधिक देखे जाने वाले तीर्थ स्थलों में से एक है। भगवान वेंकटेश्वर, जो भगवान विष्णु का अवतार माने जाते हैं, को समर्पित इस मंदिर में हर साल लाखों श्रद्धालु भगवान के आशीर्वाद प्राप्त करने और इस पवित्र पहाड़ी मंदिर की दिव्य आभा को अनुभव करने आते हैं।

तिरुमला की यात्रा, जहाँ मंदिर स्थित है, एक कठिन परंतु आध्यात्मिक रूप से समृद्ध अनुभव है। तीर्थयात्री खड़ी ढलानों पर चढ़ाई कर सकते हैं, जो शारीरिक रूप से कठिन परंतु आत्मा को संतुष्ट करने वाला होता है, या घुमावदार सड़कों पर चलने वाली बसों और टैक्सियों का भी विकल्प चुन सकते हैं। पहाड़ी पर चढ़ते समय हवा ठंडी हो जाती है, दृश्य और भी मनोरम हो जाते हैं और दिल में श्रद्धा और प्रतीक्षा का भाव भर जाता है।

तिरुमला वेंकटेश्वर मंदिर परिसर एक विशाल वास्तुशिल्प चमत्कार है, जो पीढ़ियों के कारीगरों और वास्तुकारों की भक्ति और कौशल का प्रमाण है। मंदिर का मुख्य प्रवेश द्वार, महाद्वारम, एक ऊँचा द्वार है जो देवी-देवताओं और

पौराणिक पात्रों की जटिल नक्काशी और मूर्तियों से सजा हुआ है। मंदिर का गोपुरम, या टॉवर, आसपास के दृश्य पर राजसी ढंग से खड़ा होता है, और इसका सुनहरा कलश, या शीर्ष, सूर्य की किरणों में चमकता है।

मंदिर का गर्भगृह भगवान वेंकटेश्वर की मूर्ति का निवास स्थान है, जिन्हें बालाजी के नाम से भी जाना जाता है, जो अपनी दयालुता और करुणा के लिए पूजनीय हैं। मूर्ति, जिसे स्वयंभू माना जाता है, कीमती आभूषणों और वस्त्रों से सजी होती है और एक अद्भुत दृश्य प्रस्तुत करती है। भक्त प्रार्थना करते हैं, भेंट चढ़ाते हैं और भगवान से आशीर्वाद मांगते हैं, उनके दिलों में आभार और भक्ति भरी होती है।

मंदिर परिसर में कई मंडपम, या स्तंभयुक्त हॉल हैं, जिनमें से प्रत्येक का अपना विशेष महत्व है। रंग मंडपम, एक विशाल हॉल जिसमें जटिल नक्काशीदार स्तंभ हैं, वह स्थान है जहाँ भक्त अपनी बारी का इंतजार करते हैं ताकि वे भगवान के दर्शन कर सकें। विमाना वेंकटेश्वर मंदिर, मुख्य गर्भगृह के पीछे स्थित है, जहाँ भगवान की एक छोटी मूर्ति स्थापित है, जिसे मुख्य मूर्ति से भी अधिक शक्तिशाली माना जाता है।

मंदिर परिसर में कई अन्य देवताओं के मंदिर भी हैं, जिनमें देवी पद्मावती, भगवान वेंकटेश्वर की पत्नी, और भगवान गणेश, जो बाधाओं को दूर करते हैं, का मंदिर शामिल है। मंदिर की वास्तुकला द्रविड़ और विजयनगर शैली का सुंदर मिश्रण है, जिसमें जटिल नक्काशी, सजावटी स्तंभ और राजसी गोपुरम हैं जो आगंतुकों को मंत्रमुग्ध कर देते हैं।

तिरुमला वेंकटेश्वर मंदिर केवल एक पूजा स्थल नहीं है; यह धार्मिक और सांस्कृतिक गतिविधियों का एक जीवंत केंद्र भी है। मंदिर का प्रशासन, तिरुमला तिरुपति देवस्थानम (टीटीडी), मंदिर की दैनिक गतिविधियों को संचालित करता है, यह सुनिश्चित करते हुए कि लाखों भक्तों के लिए एक सुचारु और सहज अनुभव हो।

टीटीडी तीर्थयात्रियों के लिए आवास, भोजन और परिवहन सहित कई सेवाएँ प्रदान करता है। मंदिर का रसोईघर, जो दुनिया का सबसे बड़ा है, हर दिन हजारों लोगों को भोजन परोसता है, जिससे कोई भी भक्त भूखा नहीं रहता। मंदिर में एक

अस्पताल, एक पुस्तकालय और एक संग्रहालय भी है, जो आगंतुकों की विभिन्न आवश्यकताओं को पूरा करता है।

मंदिर का वार्षिक ब्रह्मोत्सव, नौ दिनों का एक भव्य उत्सव, देखने योग्य होता है। इस उत्सव में विस्तृत शोभायात्राएँ, सांस्कृतिक प्रदर्शन और धार्मिक अनुष्ठान होते हैं, जो दुनिया भर से भक्तों को आकर्षित करते हैं। गरुड़ सेवा, जिसमें भगवान को उनके दिव्य वाहन गरुड़ के कंधों पर ले जाया जाता है, इस उत्सव का एक प्रमुख आकर्षण है।

तिरुपति का लड्डू, जो बेसन, चीनी और घी से बना एक मिठाई है, तिरुमला वेंकटेश्वर मंदिर का प्रतीक बन गया है। मंदिर के रसोईघर में तैयार किया गया लड्डू प्रसाद माना जाता है और भक्तों के बीच अत्यधिक लोकप्रिय है। टीटीडी ने एक समर्पित लड्डू काउंटर भी स्थापित किया है जहाँ तीर्थयात्री इस स्वादिष्ट प्रसाद को खरीद सकते हैं।

मंदिर का क्षेत्र पर आर्थिक प्रभाव अत्यधिक है। एक तीर्थ नगर के रूप में, तिरुपति तीर्थयात्रियों की आमद पर फलता-फूलता है, जहाँ कई होटल, रेस्तरां और दुकानें उनकी आवश्यकताओं को पूरा करती हैं। टीटीडी, मंदिर का संरक्षक होने के नाते, क्षेत्र की अर्थव्यवस्था में महत्वपूर्ण भूमिका निभाता है, रोजगार उत्पन्न करता है और बुनियादी ढांचे और सुविधाओं के विकास में योगदान देता है।

मंदिर का सामाजिक प्रभाव भी महत्वपूर्ण है। टीटीडी कई दान कार्यों का संचालन करता है, जिनमें शैक्षणिक संस्थान, अस्पताल और अनाथालय शामिल हैं, जो समाज के वंचित वर्गों को आवश्यक सहायता प्रदान करते हैं। मंदिर धार्मिक सौहार्द और विभिन्न धर्मों के बीच संवाद को भी बढ़ावा देता है, जिससे विभिन्न विश्वासों के लोगों के बीच एकता और भाईचारा को बढ़ावा मिलता है।

तिरुमला वेंकटेश्वर मंदिर, अपने समृद्ध इतिहास, भव्य वास्तुकला और आध्यात्मिक महत्व के साथ, विश्वास और भक्ति की स्थायी शक्ति का प्रमाण है। यह एक ऐसा स्थान है जहाँ मानव आत्मा उच्चतम स्तर पर पहुँचती है, जहाँ हृदय को शांति मिलती है और आत्मा का दिव्यता से संपर्क होता है।

जैसे-जैसे भक्त तिरुपति की ओर आते हैं, उनके दिलों में आशा और भक्ति भरी होती है, तिरुमला वेंकटेश्वर मंदिर ऊँचा खड़ा होता है, एक आध्यात्मिकता का प्रतीक और भारत की समृद्ध सांस्कृतिक धरोहर का प्रतीक।

"तिरुपति, एक पवित्र पहाड़ी मंदिर जहाँ भगवान वेंकटेश्वर का आशीर्वाद भक्तों पर बरसता है। इस पवित्र निवास की तीर्थ यात्रा पर चलें, जहाँ हवा भक्ति की सुगंध और भगवान की कृपा प्राप्त करने के लिए श्रद्धालुओं के मंत्रों से भरी रहती है।"

8

रामेश्वरम:
रामनाथस्वामी मंदिर -
दक्षिण का ज्योतिर्लिंग

रामेश्वरम, जो भारत के दक्षिण-पूर्वी तट से सटा हुआ एक द्वीप है, एक ऐसा स्थान है जहाँ मिथक और वास्तविकता, दिव्यता और सामान्यता एक अद्भुत सामंजस्य में एक साथ रहते हैं। यह पवित्र भूमि, जो इतिहास और आध्यात्मिकता में डूबी हुई है, भगवान शिव को समर्पित भव्य रामनाथस्वामी मंदिर का घर है, जो भारत के बारह ज्योतिर्लिंगों में से एक है।

रामनाथस्वामी मंदिर, अपनी ऊँची गोपुरम (प्रवेश द्वार की मीनारें), विशाल गलियारे, और जटिल नक्काशीदार स्तंभों के साथ, एक वास्तुशिल्प चमत्कार है जो आगंतुकों को मंत्रमुग्ध कर देता है। मंदिर की भव्यता और शांति एक ऐसा वातावरण बनाती है जो श्रद्धा और भक्ति से भरपूर है, और यह दुनियाभर से तीर्थयात्रियों और साधकों को आकर्षित करता है।

मंदिर के गर्भगृह में ज्योतिर्लिंग स्थित है, जो भगवान शिव का प्रकाश के स्तंभ के रूप में प्रतिनिधित्व करता है। इस ज्योतिर्लिंग को स्वयंभू माना जाता है, जो दिव्य ऊर्जा का संचार करता है और भक्तों को आशीर्वाद प्रदान करता है। श्रद्धालु यहाँ प्रार्थना करते हैं, अनुष्ठान करते हैं, और भगवान का आशीर्वाद प्राप्त करते हैं, उनके दिलों में कृतज्ञता और श्रद्धा होती है।

रामनाथस्वामी मंदिर केवल एक पूजा स्थल नहीं है; यह इतिहास और पौराणिक कथाओं का खजाना है। ऐसा माना जाता है कि इस मंदिर की स्थापना भगवान राम, जो भगवान विष्णु के सातवें अवतार थे, ने लंका पर विजय प्राप्त करने के बाद की थी। कथा के अनुसार, भगवान राम ने अपनी पत्नी सीता और भाई लक्ष्मण के साथ लंका के राक्षस राजा रावण का वध करने के पाप से मुक्ति के लिए यहाँ अनुष्ठान किया था।

मंदिर के गलियारों में रामायण के दृश्यों को दर्शाने वाले भित्तिचित्र और मूर्तियाँ हैं, जो भगवान राम की कथा का वर्णन करते हैं। मंदिर में कई देवताओं के मंदिर भी हैं, जिनमें देवी पर्वतवर्धिनी, जो भगवान शिव की पत्नी हैं, और भगवान गणेश, जो बाधाओं को दूर करने वाले हैं, शामिल हैं।

रामनाथस्वामी मंदिर की एक अनोखी विशेषता इसके बाईस पवित्र कुएँ, जिन्हें तीर्थम कहा जाता है। ये कुएँ मंदिर परिसर में स्थित हैं और इनमें उपचारात्मक गुण होने का विश्वास है। तीर्थयात्री इन कुओं में स्नान करते हैं, यह मानते हुए कि इसका जल उनके पापों और रोगों को दूर कर देगा। ऐसा भी कहा जाता है कि ये तीर्थम भगवान राम के तीरों से उत्पन्न हुए थे, जो उन्होंने सीता की प्यास बुझाने के लिए छोड़े थे।

अग्नि तीर्थम, जो रामेश्वरम के चारों ओर का समुद्र है, सभी तीर्थमों में सबसे पवित्र माना जाता है। तीर्थयात्री मंदिर में प्रवेश करने से पहले समुद्र में स्नान करते हैं, यह विश्वास करते हुए कि यह उनके शरीर और आत्मा को शुद्ध करेगा। अग्नि तीर्थम का संबंध भगवान राम की उस कथा से भी है, जिसमें उन्होंने लंका जाने के लिए समुद्र देवता की प्रार्थना की थी।

रामनाथस्वामी मंदिर केवल एक धार्मिक स्थल नहीं है; यह एक सांस्कृतिक केंद्र भी है। मंदिर में वर्षभर कई त्यौहार और सांस्कृतिक कार्यक्रम आयोजित किए जाते हैं, जो विभिन्न प्रकार के आगंतुकों को आकर्षित करते हैं। महाशिवरात्रि, जो भगवान शिव के सम्मान में मनाया जाता है, एक प्रमुख उत्सव है, जिसमें हजारों श्रद्धालु रामेश्वरम आते हैं।

मंदिर की वास्तुकला, जो द्रविड़ और विजयनगर शैली का मिश्रण है, क्षेत्र की समृद्ध सांस्कृतिक धरोहर का प्रमाण है। मंदिर की ऊँची गोपुरम, जटिल नक्काशीदार स्तंभ, और विशाल गलियारे आँखों के लिए अद्भुत दृश्य प्रस्तुत करते हैं। मंदिर के संगीत स्तंभ, जो बजाने पर विभिन्न ध्वनियाँ उत्पन्न करते हैं, प्राचीन इंजीनियरिंग का एक अद्भुत नमूना हैं।

रामनाथस्वामी मंदिर का आध्यात्मिक और सांस्कृतिक महत्व इसे सदियों से एक लोकप्रिय तीर्थ स्थल बना चुका है। भारत और उससे बाहर से तीर्थयात्री भगवान शिव का आशीर्वाद प्राप्त करने और इस पवित्र द्वीप की दिव्य आभा को अनुभव करने आते हैं।

रामेश्वरम का नगर, अपनी संकरी गलियों, रंग-बिरंगे घरों और व्यस्त बाजारों के साथ, यहाँ के स्थानीय जीवन की एक झलक प्रदान करता है। नगर की अर्थव्यवस्था पर्यटन पर आधारित है, जहाँ कई होटल, रेस्तरां और दुकानें तीर्थयात्रियों की आवश्यकताओं को पूरा करती हैं।

पंबन पुल, जो रामेश्वरम को भारतीय मुख्य भूमि से जोड़ता है, एक इंजीनियरिंग चमत्कार और एक लोकप्रिय पर्यटक आकर्षण है। पुल से समुद्र और आसपास के दृश्य का मनोरम दृश्य देखा जा सकता है।

धनुष्कोडी बीच, जो रामेश्वरम के दक्षिण-पूर्वी छोर पर स्थित है, अपनी प्राकृतिक सुंदरता और शांति के लिए जाना जाता है। यह बीच तैराकी, धूप सेंकने, और पक्षी देखने के लिए एक लोकप्रिय स्थान है।

रामेश्वरम की प्राकृतिक सुंदरता, इसके आध्यात्मिक और सांस्कृतिक महत्व के साथ मिलकर इसे एक अनोखा और अविस्मरणीय गंतव्य बनाती है। द्वीप के स्वच्छ समुद्र तट, साफ पानी, और हरियाली एक आध्यात्मिक मनन और विश्राम के लिए शांतिपूर्ण पृष्ठभूमि प्रदान करते हैं।

अंत में, रामेश्वरम एक ऐसा स्थान है जहाँ दिव्यता और साधारणता मिलती हैं, जहाँ विश्वास और इतिहास आपस में जुड़ते हैं, और जहाँ मानव आत्मा ऊँचाई प्राप्त करती है। रामनाथस्वामी मंदिर, अपनी भव्यता, इतिहास, और

आध्यात्मिक महत्व के साथ, विश्वास की स्थायी शक्ति और आध्यात्मिक ज्ञान की मानवीय खोज का प्रतीक है।

जैसे-जैसे भारतीय महासागर की लहरें रामेश्वरम के किनारों से टकराती रहती हैं, रामनाथस्वामी मंदिर ऊँचा खड़ा रहता है, आशा की एक किरण और भारत की समृद्ध सांस्कृतिक धरोहर का प्रतीक।

"रामेश्वरम, वह द्वीप जहाँ भगवान राम की कथा सदियों से गूँजती है। रामनाथस्वामी मंदिर, एक भव्य वास्तुशिल्प चमत्कार, भगवान शिव के प्रति उनकी भक्ति का प्रतीक है। तीर्थम के पवित्र जल में डूबें और उस दिव्य ऊर्जा का अनुभव करें जो इस द्वीप में व्याप्त है।"

৵

9

मदुरै: मीनाक्षी अम्मन मंदिर - द्रविड़ वास्तुकला का अद्भुत नमूना

मदुरै, जो तमिलनाडु के हृदय में स्थित एक प्राचीन शहर है, मीनाक्षी अम्मन मंदिर के नाम से प्रसिद्ध है। यह विशाल मंदिर परिसर देवी मीनाक्षी, जो पार्वती का रूप हैं, और उनके साथी सुंदरेश्वरर, जो शिव का रूप हैं, को समर्पित है। यह केवल एक पूजा स्थल नहीं है; यह द्रविड़ कला, वास्तुकला, और आध्यात्मिकता का एक जीवंत स्मारक है, जो इस क्षेत्र की समृद्ध सांस्कृतिक धरोहर को समेटे हुए है।

मीनाक्षी अम्मन मंदिर परिसर में प्रवेश करना एक अलग ही दुनिया में प्रवेश करने जैसा है, जहाँ मिथक और वास्तविकता, दिव्यता और सांसारिकता पूर्ण सामंजस्य में मिलते हैं। मंदिर के ऊँचे गोपुरम, जो देवी-देवताओं, राक्षसों, और दिव्य प्राणियों की मूर्तियों से सजे हुए हैं, आगंतुकों को आश्चर्य और श्रद्धा की दुनिया में आमंत्रित करते हैं।

मंदिर परिसर, जो 14 एकड़ में फैला है, मंडपों का एक जाल है, जिनमें से प्रत्येक का अपना विशेष आकर्षण और महत्व है। मीनाक्षी नायक मंडपम, जो हजार स्तंभों वाला हॉल है, द्रविड़ वास्तुकला का एक अद्भुत नमूना है, जहाँ हर स्तंभ पर पौराणिक दृश्यों और पात्रों की जटिल नक्काशी है। इस हॉल की ध्वनिकी (आकुस्तिक्स) प्रसिद्ध है, जिसमें एक ताली की आवाज पूरे हॉल में गूँजती है।

आयिरम काल मंडपम, एक और हजार स्तंभों वाला हॉल, भगवान नटराज को समर्पित है, जो ब्रह्मांडीय नर्तक हैं। इस हॉल के स्तंभ नटराज की विभिन्न नृत्य मुद्राओं की मूर्तियों से सजे हैं, जो इस देवता की गरिमा और गतिशीलता को दर्शाते हैं।

गोल्डन लोटस टैंक, जो मंदिर परिसर में स्थित एक पवित्र जलाशय है, एक स्थान है जहाँ भक्त पूजा के लिए शुद्धिकरण का अनुष्ठान करते हैं। भक्त मुख्य मंदिर में प्रवेश करने से पहले इस टैंक में स्नान करते हैं, यह मानते हुए कि इसका जल उनके पापों और अशुद्धियों को दूर करेगा। टैंक के चारों ओर की शांतिपूर्ण और पौराणिक दृश्यों से सजी हुई कारीगरी एक शांत वातावरण बनाती है।

मीनाक्षी अम्मन मंदिर के मुख्य गर्भगृह में देवी मीनाक्षी की मूर्ति स्थित है, जो आभूषणों और फूलों से सजी हुई है। देवी, जिनके दाहिने कंधे पर एक तोता होता है, सुंदरता, शक्ति और करुणा का प्रतीक हैं। भक्त प्रार्थना करते हैं, भेंट चढ़ाते हैं और देवी का आशीर्वाद प्राप्त करते हैं, उनके दिलों में गहरी श्रद्धा और भक्ति होती है।

मीनाक्षी के साथी सुंदरेश्वरर का मंदिर मुख्य गर्भगृह के पास स्थित है। सुंदरेश्वरर, जो शिव का एक रूप हैं, की मूर्ति बैठी मुद्रा में है, जो शांति और ज्ञान की आभा बिखेरती है। यह मंदिर वैवाहिक सामंजस्य और समृद्धि की कामना करने वाले भक्तों के बीच लोकप्रिय है।

मीनाक्षी अम्मन मंदिर केवल पूजा का स्थान नहीं है; यह सांस्कृतिक और धार्मिक गतिविधियों का एक जीवंत केंद्र भी है। मंदिर में वर्ष भर कई त्योहार आयोजित होते हैं, जो विभिन्न प्रकार के आगंतुकों को आकर्षित करते हैं। अप्रैल में मनाया जाने वाला चित्रई महोत्सव, मंदिर का सबसे महत्वपूर्ण त्योहार है, जो मीनाक्षी और सुंदरेश्वरर के दिव्य विवाह का उत्सव मनाता है। इस महोत्सव में एक भव्य शोभायात्रा होती है, जिसमें देवताओं की मूर्तियाँ मदुरै की सड़कों पर संगीत, नृत्य और धूमधाम के साथ ले जाई जाती हैं।

मंदिर की वास्तुकला, जो द्रविड़ कला का उत्कृष्ट नमूना है, इसके निर्माताओं की रचनात्मकता और कौशल का प्रमाण है। मंदिर के गोपुरम, जो अपनी ऊँचाई और

जटिल मूर्तियों के साथ खड़े हैं, देखने योग्य हैं। दक्षिणी गोपुरम, जो सबसे ऊँचा है, 170 फीट की ऊँचाई पर स्थित है और 1,500 से अधिक स्टुको मूर्तियों से सजा हुआ है।

मंदिर के मंडपम, जिनमें जटिल नक्काशीदार स्तंभ, अलंकृत छतें और विशाल आँगन शामिल हैं, नायक वंश की भव्यता और ऐश्वर्य को दर्शाते हैं, जिन्होंने 16वीं और 17वीं शताब्दी में मदुरै पर शासन किया। नायक वंश कला और वास्तुकला के महान संरक्षक थे, और उनकी मीनाक्षी अम्मन मंदिर में महत्वपूर्ण योगदान इसके भव्य निर्माणों में स्पष्ट दिखाई देता है।

मंदिर की हजारों मूर्तियाँ आँखों के लिए एक अद्भुत दृश्य हैं। मूर्तियाँ पौराणिक दृश्यों से लेकर प्राचीन मदुरै के जीवन तक के विविध विषयों को दर्शाती हैं। मूर्तियों की जटिलता, अभिव्यक्त चेहरों, और मोहक मुद्राएँ मूर्तिकारों की कौशल और रचनात्मकता का प्रमाण हैं।

मीनाक्षी अम्मन मंदिर केवल पूजा का स्थान नहीं है; यह द्रविड़ कला और वास्तुकला का एक जीवित संग्रहालय है। मंदिर की संरचनाएँ, मूर्तियाँ, और चित्रकला इस क्षेत्र की समृद्ध सांस्कृतिक धरोहर की झलक प्रदान करते हैं। मंदिर का दो हजार वर्षों से अधिक का इतिहास विश्वास की स्थायी शक्ति और आध्यात्मिक ज्ञान की खोज का प्रमाण है।

मंदिर का मदुरै शहर पर गहरा प्रभाव है। शहर की अर्थव्यवस्था तीर्थयात्रियों और पर्यटकों की आमद पर फलती-फूलती है जो मंदिर के दर्शन करने आते हैं। मंदिर का सांस्कृतिक जीवन में भी महत्वपूर्ण योगदान है, इसके त्योहारों और अनुष्ठानों में विविध प्रकार के प्रतिभागियों की भागीदारी रहती है।

मीनाक्षी अम्मन मंदिर कुछ चुनौतियों का भी सामना कर रहा है। मंदिर को भीड़, व्यावसायीकरण, और प्रदूषण जैसी समस्याओं का सामना करना पड़ता है। हालाँकि, मंदिर प्रशासन, स्थानीय समुदाय और सरकार मिलकर इन समस्याओं को हल करने और इस प्रतिष्ठित स्मारक को भविष्य की पीढ़ियों के लिए संरक्षित करने के प्रयास कर रहे हैं।

अंत में, मीनाक्षी अम्मन मंदिर एक सांस्कृतिक और वास्तुकला का चमत्कार है जो द्रविड़ धरोहर के सार को समेटे हुए है। यह एक पूजा स्थल है, एक सीखने का केंद्र है, और सांस्कृतिक गतिविधियों का केंद्र है। मंदिर की भव्यता, इसकी जटिल मूर्तियाँ और इसका समृद्ध इतिहास दुनिया भर से आगंतुकों को प्रेरित करता है।

जैसे-जैसे मदुरै शहर विकसित हो रहा है, मीनाक्षी अम्मन मंदिर एक स्थायी प्रतीक के रूप में बना हुआ है, जो शहर के गौरवशाली अतीत की याद दिलाता है और इसके जीवंत वर्तमान का प्रतीक है। मंदिर की शाश्वत आकर्षण इसकी लोगों को उनकी सांस्कृतिक जड़ों से जोड़ने, आश्चर्य और श्रद्धा का अनुभव कराने, और दिव्यता की झलक देने की क्षमता में निहित है।

"मदुरै, द्रविड़ धरोहर में डूबा एक शहर, जहाँ मीनाक्षी अम्मन मंदिर के ऊँचे गोपुरम आकाश को छूते हैं। मंदिर की जटिल नक्काशी और मूर्तियों का अन्वेषण करें, जो इस क्षेत्र की कलात्मक उत्कृष्टता का प्रमाण हैं। मंदिर परिसर के जीवंत रंग और जटिल विवरण आपको आश्चर्य और श्रद्धा की दुनिया में ले जाते हैं।"

೧

10

कांचीपुरम: मंदिरों का शहर - आस्था के हजार स्तंभ

कांचीपुरम, एक ऐसा प्राचीन शहर है जो इतिहास और आध्यात्मिकता में डूबा हुआ है और भारतीय सभ्यता की अटूट विरासत का प्रमाण है। "हजार मंदिरों का शहर" के नाम से प्रसिद्ध कांचीपुरम की वास्तुकला के अद्भुत नमूने इसके समृद्ध संस्कृति और प्राचीन कारीगरी की गवाही देते हैं। तमिलनाडु के इस प्राचीन शहर को तीर्थ स्थान माना जाता है, जहाँ हर साल हजारों श्रद्धालु और पर्यटक इसकी अनोखी इतिहास, संस्कृति, और आध्यात्मिकता का अनुभव करने आते हैं।

कांचीपुरम का धर्म और आध्यात्मिकता से जुड़ाव प्राचीन काल से है। यह माना जाता है कि पल्लव और चोल राजवंशों के दौरान यह शहर एक प्रमुख शिक्षा और सांस्कृतिक केंद्र था, जहाँ कई मंदिर और शिक्षण संस्थान स्थापित किए गए थे। कांचीपुरम व्यापार और वाणिज्य का भी केंद्र था, जहाँ दुनिया भर के व्यापारी और यात्री आते थे।

शहर का धार्मिक परिदृश्य उसके असंख्य मंदिरों से भरा हुआ है, जिनमें से हर एक का अपना आकर्षण और वास्तुशिल्प शैली है। कैलासनाथर मंदिर, जो यूनेस्को विश्व धरोहर स्थल है, कांचीपुरम का सबसे पुराना और महत्वपूर्ण मंदिर है। यह 7वीं सदी में पल्लव राजा राजसिंह द्वारा बनवाया गया था और द्रविड़ वास्तुकला

का एक उत्कृष्ट नमूना है, जिसमें जटिल नक्काशी, ऊँचे गोपुरम और अद्भुत मूर्तियाँ हैं।

मंदिर का गर्भगृह भगवान शिव के लिंगम को समर्पित है, जो सृष्टि और संहार के देवता माने जाते हैं। मंदिर की दीवारों पर हिंदू पौराणिक कथाओं के दृश्य उकेरे गए हैं, जिनमें शिव, पार्वती, और उनके पुत्र गणेश और कार्तिकेय की कहानियाँ शामिल हैं। कैलासनाथर मंदिर केवल एक पूजा स्थल नहीं है; यह पल्लव कला और वास्तुकला का एक जीवंत संग्रहालय है।

एकाम्बरेश्वरर मंदिर, कांचीपुरम का एक और प्रमुख स्थल है, जो भगवान शिव को समर्पित है। मंदिर का मुख्य देवता एकाम्बरेश्वरर है, जिसे भारत के सबसे बड़े शिवलिंग में से एक माना जाता है। इस मंदिर की वास्तुकला द्रविड़ और विजयनगर शैली का मिश्रण है, जिसमें ऊँचे गोपुरम, विशाल मंडपम और सुंदर मूर्तियाँ हैं।

मंदिर का हजार स्तंभों वाला हॉल एक अद्भुत इंजीनियरिंग और कारीगरी का नमूना है। हर स्तंभ पर पौराणिक कथाओं और प्राचीन कांचीपुरम के दैनिक जीवन के दृश्य उकेरे गए हैं। हॉल की ध्वनिकी प्रसिद्ध है, जिसमें एक ताली की आवाज पूरे हॉल में गूँजती है।

कामाक्षी अम्मन मंदिर, जो देवी पार्वती के रूप कामाक्षी को समर्पित है, कांचीपुरम का एक और पूजनीय मंदिर है। इस मंदिर की वास्तुकला द्रविड़ और विजयनगर शैली का अद्भुत मिश्रण है, जिसमें ऊँचा गोपुरम, विशाल मंडपम, और सुंदर मूर्तियाँ हैं। मंदिर के गर्भगृह में देवी कामाक्षी की सुंदर मूर्ति है, जो आभूषणों और फूलों से सजी हुई है। देवी कामाक्षी को इच्छाएँ पूरी करने और आशीर्वाद देने वाली देवी के रूप में पूजते हैं।

वरदराजा पेरुमल मंदिर, जो भगवान विष्णु को समर्पित है, कांचीपुरम का सबसे बड़ा मंदिर परिसर है। इस मंदिर की वास्तुकला द्रविड़ और विजयनगर शैली का मिश्रण है, जिसमें ऊँचे गोपुरम, विशाल मंडपम और जटिल मूर्तियाँ हैं। इस मंदिर के मुख्य देवता वरदराजा पेरुमल हैं, जो भगवान विष्णु का रूप हैं और दयालुता और करुणा के लिए पूजनीय हैं।

मंदिर परिसर में कई अन्य देवताओं के मंदिर हैं, जिनमें देवी लक्ष्मी, भगवान विष्णु की पत्नी, और वानर देवता भगवान अंजनेय का मंदिर शामिल है। मंदिर का जलाशय, जिसे अनंथा सरस कहा जाता है, में उपचारात्मक गुण माने जाते हैं और यह अनुष्ठान स्नान के लिए लोकप्रिय स्थान है।

कांचीपुरम के मंदिर केवल पूजा स्थल नहीं हैं; ये कला, वास्तुकला, और इतिहास के जीवंत संग्रहालय हैं। मंदिरों की जटिल मूर्तियाँ, सजावटी स्तंभ और राजसी गोपुरम उन कारीगरों और वास्तुकारों की कौशल और रचनात्मकता का प्रमाण हैं जिन्होंने इन्हें बनाया। मंदिर की दीवारों पर शिलालेख भी हैं, जो इस क्षेत्र के इतिहास और संस्कृति की अमूल्य जानकारी प्रदान करते हैं।

शहर की समृद्ध सांस्कृतिक धरोहर उसके मंदिरों तक ही सीमित नहीं है। कांचीपुरम अपने रेशमी साड़ियों के लिए भी प्रसिद्ध है, जो अपनी उत्कृष्ट कारीगरी और जटिल डिजाइनों के लिए जानी जाती हैं। यहाँ के रेशमी बुनकर, जो सदियों से इस कला में निपुण हैं, पूरे भारत में महिलाओं के बीच अपने साड़ियों के लिए प्रसिद्ध हैं।

कांचीपुरम का पाक परिदृश्य भी इसकी समृद्ध सांस्कृतिक धरोहर का एक हिस्सा है। यह शहर अपनी पारंपरिक शाकाहारी भोजन के लिए प्रसिद्ध है, जिसमें ताजे और स्थानीय सामग्री का उपयोग किया जाता है। यहाँ की मिठाई की दुकानें मीठा पसंद करने वालों के लिए स्वर्ग जैसी हैं, जो कई प्रकार की स्वादिष्ट मिठाइयाँ और नमकीन परोसती हैं।

अंत में, कांचीपुरम एक ऐसा शहर है जो इतिहास, संस्कृति, और आध्यात्मिकता को सहजता से मिलाता है। इसके असंख्य मंदिर, जो बीते समय की आस्था और कारीगरी का प्रतीक हैं, कला, वास्तुकला और इतिहास का खजाना हैं। शहर का जीवंत सांस्कृतिक दृश्य, इसकी सुंदर रेशमी साड़ियाँ और स्वादिष्ट व्यंजन इसकी खूबसूरती को बढ़ाते हैं, जिससे यह भारतीय विरासत का समृद्ध अनुभव करने वालों के लिए एक अनिवार्य गंतव्य बन जाता है।

"कांचीपुरम, हजार मंदिरों का शहर, जो आस्था और भक्ति की शक्ति का प्रतीक है। प्राचीन गलियों में घूमिए, हर मोड़ पर एक नया मंदिर मिलेगा, हर एक का अपना अद्वितीय आकर्षण और इतिहास है। धार्मिक और सांस्कृतिक परंपराओं की समृद्ध धरोहर में खुद को डुबोएँ, जिन्होंने इस शहर को आकार दिया है।"

∞

11

पुष्कर: ब्रह्मा मंदिर और पवित्र झील - एक अनोखा तीर्थस्थान

राजस्थान के हृदय में स्थित पुष्कर एक ऐसा स्थान है जो गहरी आध्यात्मिक महत्ता रखता है और हिंदुओं के लिए एक अनोखा तीर्थ स्थल है। यह शहर ब्रह्मा मंदिर का घर है, जो भगवान ब्रह्मा, सृष्टि के देवता, को समर्पित गिने-चुने मंदिरों में से एक है। यह पवित्र पुष्कर झील के लिए भी प्रसिद्ध है, जिसे भगवान ब्रह्मा द्वारा ही बनाया गया माना जाता है।

ब्रह्मा मंदिर और पुष्कर झील का अनोखा संयोजन पुष्कर को एक अद्वितीय तीर्थ स्थल बनाता है, जहाँ दुनिया भर से श्रद्धालु और साधक आते हैं।

ब्रह्मा मंदिर, अपनी विशिष्ट लाल शिखर और संगमरमर की वास्तुकला के साथ, हिंदुओं में भगवान ब्रह्मा की श्रद्धा और भक्ति का प्रतीक है। मंदिर के गर्भगृह में भगवान ब्रह्मा की जीवन-आकार की मूर्ति है, जिसमें वे चार सिर और चार हाथों के साथ दर्शाए गए हैं, जो उनकी सर्वव्यापकता और सृजनात्मक शक्ति को दर्शाते हैं। मूर्ति को जटिल आभूषणों और वस्त्रों से सजाया गया है, जो उसकी दिव्य आभा को बढ़ाते हैं।

मंदिर की वास्तुकला विभिन्न शैलियों का मिश्रण है, जो सदियों से इस क्षेत्र पर

पड़े सांस्कृतिक प्रभावों को दर्शाती है। मंदिर की दीवारों पर हिंदू पौराणिक कथाओं के दृश्य उकेरे गए हैं, जिनमें ब्रह्मांड के निर्माण की कथा भी शामिल है। मंदिर में ज्ञान और शिक्षा की देवी सरस्वती और भगवान विष्णु सहित कई अन्य देवताओं के छोटे-छोटे मंदिर भी हैं।

ब्रह्मा मंदिर केवल एक पूजा स्थल नहीं है; यह पुष्कर की समृद्ध सांस्कृतिक और आध्यात्मिक धरोहर का जीवंत प्रतीक है। मंदिर में साल भर कई त्यौहार मनाए जाते हैं, जो विभिन्न प्रकार के आगंतुकों को आकर्षित करते हैं।

कार्तिक पूर्णिमा का त्यौहार, जो नवंबर में मनाया जाता है, मंदिर का सबसे महत्वपूर्ण त्यौहार है, जो उस दिन की याद दिलाता है जब भगवान ब्रह्मा ने पुष्कर झील में यज्ञ किया था।

यह त्यौहार एक भव्य उत्सव है, जिसमें हजारों तीर्थयात्री पवित्र झील में स्नान करते हैं और ब्रह्मा मंदिर में प्रार्थना करते हैं। कार्तिक पूर्णिमा के साथ-साथ हर साल आयोजित होने वाला पुष्कर ऊँट मेला भी एक बड़ा आकर्षण है, जहाँ हजारों ऊँटों का व्यापार और सजावट देखने दुनिया भर के लोग आते हैं।

पुष्कर झील, जो चारों ओर घाटों से घिरी हुई एक शांत जल राशि है, भारत की सबसे पवित्र झीलों में से एक मानी जाती है।

हिंदू पौराणिक कथाओं के अनुसार, यह झील उस समय बनी थी जब भगवान ब्रह्मा के हाथ से एक कमल का फूल गिरा था। यह झील उपचारात्मक गुणों से युक्त मानी जाती है और अनुष्ठानिक स्नान के लिए एक लोकप्रिय स्थान है।

तीर्थयात्री इस पवित्र झील में डुबकी लगाते हैं, यह मानते हुए कि इसका जल उनके पापों को धो देगा और उन्हें आध्यात्मिक शुद्धि प्रदान करेगा। झील के चारों ओर स्थित घाट विभिन्न देवताओं के मंदिरों और मठों से सजे हैं, जो एक शांत और आध्यात्मिक वातावरण बनाते हैं।

पुष्कर झील केवल एक धार्मिक स्थल ही नहीं है; यह एक लोकप्रिय पर्यटन स्थल भी है। झील की सुरम्य पृष्ठभूमि, जो पहाड़ियों और रेगिस्तान से घिरी हुई है, आगंतुकों को बोटिंग, फोटोग्राफी और शांति का अनुभव करने के लिए आकर्षित

करती है। यह झील विभिन्न प्रवासी पक्षियों का भी निवास स्थान है, जो इसे पक्षी प्रेमियों के लिए स्वर्ग बनाती है।

पुष्कर ऊँट मेला, जो हर साल पुष्कर झील के किनारे आयोजित होता है, राजस्थान की सांस्कृतिक धरोहर को प्रदर्शित करने वाला एक अनोखा और जीवंत आयोजन है।

इस मेले में ऊँटों की दौड़, ऊँट नृत्य और सांस्कृतिक प्रदर्शन शामिल होते हैं। यह समय है जब राजस्थान भर से व्यापारी, किसान और कारीगर अपने उत्पाद और कौशल को प्रदर्शित करने के लिए एकत्रित होते हैं।

पुष्कर ऊँट मेला केवल एक व्यावसायिक आयोजन नहीं है; यह एक सांस्कृतिक उत्सव भी है। इस मेले में संगीत और नृत्य प्रदर्शन, प्रदर्शनी और संगोष्ठी जैसे कई सांस्कृतिक कार्यक्रम आयोजित किए जाते हैं।

यह राजस्थान भर के कलाकारों और शिल्पकारों के लिए अपनी प्रतिभा और रचनात्मकता को प्रदर्शित करने का एक मंच है।

पुष्कर, अपने ब्रह्मा मंदिर और पुष्कर झील के अनोखे संयोजन के साथ, एक ऐसा तीर्थ स्थल है जो वास्तव में एक परिवर्तनकारी अनुभव प्रदान करता है। शहर का आध्यात्मिक वातावरण और इसकी समृद्ध सांस्कृतिक धरोहर इसे एक ऐसा गंतव्य बनाते हैं, जहाँ आने वाला व्यक्ति दिव्यता से जुड़ सकता है और भारतीय आध्यात्मिकता की गहराई में उतर सकता है।

"पुष्कर, एक अनोखा तीर्थ स्थल जहाँ ब्रह्मा मंदिर और पवित्र पुष्कर झील सामंजस्य में सह-अस्तित्व में हैं। पवित्र जल में डुबकी लगाइए, जिसे स्वयं भगवान ब्रह्मा द्वारा निर्मित माना जाता है, और सृष्टि के देवता को समर्पित मंदिर में अपनी प्रार्थनाएँ अर्पित करें।"

12

द्वारका: भगवान कृष्ण का राज्य - प्राचीन बंदरगाह शहर

द्वारका, भारत के पश्चिमी तट पर स्थित एक प्राचीन बंदरगाह शहर है, जो पौराणिक कथाओं और इतिहास में डूबी हुई है। यह माना जाता है कि यह भगवान कृष्ण का निवास स्थान था, जो हिंदू धर्म के एक पूजनीय देवता हैं, और इसे भारत के सात पवित्र नगरों में से एक माना जाता है।

इस शहर का नाम संस्कृत के शब्द "द्वार" से निकला है, जिसका अर्थ "द्वार" या "प्रवेश द्वार" है, और "का," जो सृष्टि के देवता भगवान ब्रह्मा को संदर्भित करता है, यह इस शहर को एक आध्यात्मिक प्रवेश द्वार के रूप में दर्शाता है।

इस शहर की उत्पत्ति किंवदंतियों में घिरी हुई है। प्राचीन ग्रंथ जैसे महाभारत और भागवत पुराण भगवान कृष्ण के मथुरा से द्वारका आने और यहाँ अपना राज्य स्थापित करने की कथा सुनाते हैं।

इन ग्रंथों के अनुसार, कृष्ण ने अपने यादव कुल के साथ समुद्र से पुनः प्राप्त कुशस्थली द्वीप पर एक भव्य शहर का निर्माण किया। यह शहर अपनी भव्यता और वैभव के लिए प्रसिद्ध था, जिसमें महल, मंदिर और बगीचे सजाए गए थे।

द्वारका का हृदय और आत्मा द्वारकाधीश मंदिर है, जो भगवान कृष्ण को समर्पित है। इस मंदिर की वास्तुकला इस क्षेत्र की समृद्ध सांस्कृतिक धरोहर का प्रतीक है, जिसमें जटिल नक्काशियाँ, ऊँचे शिखर और सजावटी अलंकरण हैं।

मंदिर के मुख्य देवता, द्वारकाधीश, भगवान कृष्ण का एक रूप हैं, जिन्हें बाँसुरी और शंख पकड़े हुए खड़ी मुद्रा में दर्शाया गया है। यह मूर्ति कीमती आभूषणों और वस्त्रों से सजी हुई है, जो इसे देखने में अद्भुत बनाती है।

मंदिर परिसर में विभिन्न मंदिर, मंडप और आँगन हैं, जिनमें से हर एक का अपना विशिष्ट आकर्षण और महत्व है। गोमती घाट, जो गोमती नदी के किनारे स्थित है, एक पवित्र स्थान है जहाँ तीर्थयात्री मंदिर में प्रवेश करने से पहले स्नान करते हैं। इस घाट का संबंध भगवान कृष्ण से भी है, जिनके बारे में कहा जाता है कि वे प्रतिदिन गोमती नदी में स्नान करते थे।

रुक्मिणी देवी मंदिर, जो भगवान कृष्ण की पत्नी रुक्मिणी को समर्पित है, द्वारका का एक और महत्वपूर्ण मंदिर है। इस मंदिर की वास्तुकला चालुक्य और सोलंकी शैली का मिश्रण है, जो इस क्षेत्र की सांस्कृतिक विविधता को दर्शाता है। मंदिर के गर्भगृह में रुक्मिणी की सुंदर मूर्ति है, जो आभूषणों और फूलों से सजी हुई है। देवी रुक्मिणी अपनी सुंदरता, गरिमा और भगवान कृष्ण के प्रति भक्ति के लिए पूजनीय हैं।

बेट द्वारका, जो द्वारका के तट के पास स्थित एक द्वीप है, भगवान कृष्ण का मूल निवास स्थान माना जाता है। इस द्वीप पर कई प्राचीन मंदिर हैं, जिनमें बेट द्वारका मंदिर, जो भगवान कृष्ण को समर्पित है, और हनुमान दंडी मंदिर, जो वानर देवता हनुमान को समर्पित है, शामिल हैं। यह द्वीप सर्दियों के मौसम में विभिन्न प्रवासी पक्षियों का निवास स्थान भी बनता है, जो इसे पक्षी प्रेमियों के लिए आकर्षक बनाता है।

द्वारका का पुरातात्विक महत्व भी बहुत अधिक है। इस शहर में कई खुदाई और अध्ययन किए गए हैं, जिनसे इसके प्राचीन अतीत के बारे में बहुमूल्य जानकारी प्राप्त हुई है। खुदाई में एक सुव्यवस्थित शहर के अवशेष मिले हैं, जिनमें एक परिष्कृत जल निकासी प्रणाली, किला और बंदरगाह के सबूत मिले हैं। ये निष्कर्ष

बताते हैं कि द्वारका एक समृद्ध बंदरगाह शहर था, जिसका भारत और दुनिया के अन्य हिस्सों से व्यापारिक संबंध था।

1988 में भारतीय पुरातत्व सर्वेक्षण द्वारा शुरू किया गया द्वारका अंडरवाटर आर्कियोलॉजी प्रोजेक्ट ने इस शहर की प्राचीन समुद्री धरोहर को और अधिक प्रमाणित किया है। इस परियोजना में जलमग्न संरचनाओं, जैसे दीवारें, स्तंभ और मिट्टी के बर्तन, का पता लगाया गया, जो एक बंदरगाह शहर के अस्तित्व का संकेत देते हैं, जो समुद्र के स्तर में वृद्धि के कारण जलमग्न हो गया था।

द्वारका का पौराणिक और पुरातात्विक महत्व इसे सदियों से एक लोकप्रिय तीर्थ स्थल बनाता आ रहा है। भारत और उससे बाहर से तीर्थयात्री द्वारका में भगवान कृष्ण का आशीर्वाद प्राप्त करने और इस प्राचीन शहर की दिव्य आभा का अनुभव करने आते हैं।

शहर का जीवंत सांस्कृतिक दृश्य, जिसमें कई त्योहार और अनुष्ठान शामिल हैं, इसकी समृद्ध धरोहर का प्रतीक है। जन्माष्टमी का त्योहार, जो भगवान कृष्ण के जन्म के उपलक्ष्य में मनाया जाता है, एक प्रमुख आयोजन है, जिसमें हजारों श्रद्धालु द्वारका आते हैं। इस त्योहार में रंगीन जुलूस, सांस्कृतिक प्रदर्शन और धार्मिक अनुष्ठान होते हैं।

द्वारका उत्सव, जो हर साल आयोजित होने वाला एक सांस्कृतिक महोत्सव है, एक और मुख्य आकर्षण है, जो इस क्षेत्र की समृद्ध कलात्मक परंपराओं को प्रदर्शित करता है। इस उत्सव में संगीत और नृत्य प्रदर्शन, प्रदर्शनी और संगोष्ठी होते हैं, जो कलाकारों और शिल्पकारों को अपनी प्रतिभा और रचनात्मकता प्रदर्शित करने का मंच प्रदान करते हैं।

द्वारका की प्राकृतिक सुंदरता इसके आकर्षण को बढ़ाती है। शहर के स्वच्छ समुद्र तट, साफ पानी और हरी-भरी हरियाली आत्मिक चिंतन और विश्राम के लिए एक शांतिपूर्ण पृष्ठभूमि प्रदान करते हैं। यह शहर विविध समुद्री जीवन का घर भी है, जो इसे स्नॉर्कलिंग और स्कूबा डाइविंग के लिए एक लोकप्रिय स्थान बनाता है।

द्वारका लाइटहाउस, जो शहर के प्रायद्वीप के सिरे पर स्थित है, अरब सागर और

आसपास के दृश्य का मनोरम दृश्य प्रस्तुत करता है। यह लाइटहाउस, जो एक लोकप्रिय पर्यटक आकर्षण है, द्वारका की समुद्री धरोहर की याद दिलाता है।

अंत में, द्वारका एक ऐसा शहर है जो पौराणिक कथाओं, इतिहास, और आध्यात्मिकता को सहजता से मिलाता है। इसके प्राचीन मंदिर, जीवंत त्यौहार, और समृद्ध सांस्कृतिक धरोहर इसे भारत की आध्यात्मिक भूमि का अनुभव करने वालों के लिए एक अनिवार्य गंतव्य बनाते हैं। इस शहर की प्राकृतिक सुंदरता, इसके ऐतिहासिक और पुरातात्विक महत्व के साथ, इसे एक अद्वितीय और अविस्मरणीय स्थल बनाती है। जैसे-जैसे अरब सागर की लहरें द्वारका के किनारों को छूती हैं, यह शहर उम्मीद की एक किरण और भारत की समृद्ध और विविध सांस्कृतिक धरोहर का प्रतीक बनकर खड़ा है।

"द्वारका, भगवान कृष्ण का प्राचीन राज्य, जहाँ पौराणिक कथाएँ जीवित होती हैं। द्वारकाधीश मंदिर की खोज करें, जो इस शहर की समृद्ध सांस्कृतिक धरोहर का प्रतीक है, और कृष्ण की दिव्य लीलाओं की कहानियों में डूब जाएँ।"

13

मथुरा और वृंदावन: कृष्ण का जन्मस्थान और बाल्यकाल - दिव्य प्रेम

मथुरा और वृंदावन, उत्तर प्रदेश के पवित्र यमुना नदी के किनारे बसे दो जुड़वां शहर, हिंदू धर्म में विशेष स्थान रखते हैं। भगवान कृष्ण के जन्मस्थान और बाल्यकाल की भूमि माने जाने वाले ये शहर दिव्य प्रेम, भक्ति और आनंद का ऐसा वातावरण प्रस्तुत करते हैं जो हर साल लाखों श्रद्धालुओं और साधकों को आकर्षित करता है।

मथुरा, भगवान कृष्ण का जन्मस्थान, इतिहास और पौराणिक कथाओं में डूबा हुआ शहर है। प्राचीन ग्रंथ जैसे महाभारत और भागवत पुराण कृष्ण के चमत्कारी जन्म की कहानी सुनाते हैं, जो देवकी और वसुदेव के पुत्र के रूप में कारागार में जन्मे थे, जहाँ वे अत्याचारी राजा कंस द्वारा कैद किए गए थे। कृष्ण का मथुरा से शिशु अवस्था में बचकर वृंदावन आना और वहाँ का जीवन देवत्व की हस्तक्षेप, वीरता और अच्छे की बुरे पर जीत की कहानी है।

कृष्ण जन्मभूमि मंदिर, जो मथुरा के हृदय में स्थित है, वही स्थान माना जाता है जहाँ भगवान कृष्ण का जन्म हुआ था। यह मंदिर परिसर, जिसमें विभिन्न मंदिर, मंडप और आंगन शामिल हैं, सदियों से भगवान कृष्ण पर बरसाई गई अटूट भक्ति

और श्रद्धा का प्रतीक है।

मंदिर के गर्भगृह में भगवान कृष्ण की बालरूप में मूर्ति स्थित है, जिसमें वे मक्खन का गोला पकड़े हुए खड़ी मुद्रा में हैं। यह मूर्ति कीमती आभूषणों और वस्त्रों से सजी होती है, जो इसे देखने में अद्भुत बनाती है। भक्त यहाँ प्रार्थना करते हैं, भेंट चढ़ाते हैं और भगवान का आशीर्वाद प्राप्त करते हैं, उनके दिलों में प्रेम और भक्ति भरी होती है।

मंदिर परिसर में भगवान विष्णु और धन-समृद्धि की देवी लक्ष्मी सहित अन्य देवताओं को समर्पित कई छोटे मंदिर भी हैं। मंदिर की वास्तुकला विभिन्न शैलियों का मिश्रण है, जो सदियों में शहर पर पड़े सांस्कृतिक प्रभावों को दर्शाती है।

वृंदावन, जो मथुरा से कुछ ही किलोमीटर की दूरी पर स्थित है, वह स्थान है जहाँ भगवान कृष्ण ने अपना बचपन और किशोरावस्था बिताई। यह शहर कृष्ण की बाल-लीलाओं, उनकी राधा के प्रति प्रेम और उनके दिव्य क्रीड़ाओं के लिए प्रसिद्ध है। वृंदावन में कई मंदिर हैं, जो कृष्ण के जीवन के विभिन्न पहलुओं और राधा के प्रति उनके दिव्य प्रेम को समर्पित हैं।

बांके बिहारी मंदिर, वृंदावन के सबसे प्रसिद्ध मंदिरों में से एक है, जो युवा रूप में भगवान कृष्ण को समर्पित है। मंदिर की बांके बिहारी की मूर्ति, जो अपने चेहरे पर एक शरारती मुस्कान और हाथ में बाँसुरी के साथ दिखाई देती है, दर्शकों को मंत्रमुग्ध कर देती है। भक्त भगवान के आशीर्वाद के लिए यहाँ आते हैं, यह मानते हुए कि उनका दिव्य प्रेम सभी दुखों को दूर कर सकता है और जीवन में सुख और आनंद ला सकता है।

इस्कॉन मंदिर, जिसे श्रीकृष्ण बलराम मंदिर भी कहा जाता है, एक आधुनिक मंदिर परिसर है जो भगवान कृष्ण और उनके भाई बलराम को समर्पित है। अंतर्राष्ट्रीय कृष्णभावनामृत संघ (इस्कॉन) द्वारा स्थापित यह मंदिर भक्ति और आध्यात्मिक शिक्षा का केंद्र है। मंदिर परिसर में एक सुंदर बगीचा, संग्रहालय और एक रेस्तरां भी है जो स्वादिष्ट शाकाहारी भोजन परोसता है।

प्रेम मंदिर, वृंदावन में एक नया मंदिर, राधा और कृष्ण के शाश्वत प्रेम को प्रदर्शित

करने वाला भव्य निर्माण है। इस मंदिर की वास्तुकला आधुनिक और पारंपरिक शैलियों का मिश्रण है, जिसमें संगमरमर की जटिल नक्काशी, रंगीन मोज़ेक और सुंदर फव्वारे शामिल हैं। मंदिर की प्रकाश और ध्वनि शो, जो राधा और कृष्ण की दिव्य प्रेम कहानी को दर्शाता है, मुख्य आकर्षण है।

वृंदावन का आध्यात्मिक परिदृश्य केवल मंदिरों तक ही सीमित नहीं है। यहाँ की गलियाँ आश्रमों और अतिथिगृहों से भरी हैं, जहाँ तीर्थयात्री और साधक ठहर सकते हैं और इस आध्यात्मिक वातावरण में डूब सकते हैं।

यहाँ के बाजार धार्मिक सामग्री, पारंपरिक वस्त्र और स्थानीय व्यंजनों से भरे हैं। धूप और फूलों की सुगंध हवा में फैलती है, जो एक सजीव और शांतिपूर्ण अनुभव प्रदान करती है।

होली का त्योहार, जो वृंदावन में बड़े उत्साह के साथ मनाया जाता है, एक बड़ा आकर्षण है। वसंत के आगमन का प्रतीक यह त्योहार हर्षोल्लास और रंगों का पर्व है, जिसमें सभी उम्र के लोग एक-दूसरे पर रंग और पानी उड़ेलते हैं। वृंदावन की होली एक अनोखा अनुभव है, जिसमें पूरा शहर रंगों और संगीत में बदल जाता है।

रास लीला, जो राधा और कृष्ण के दिव्य प्रेम का पारंपरिक नृत्य-नाटक है, वृंदावन का एक और प्रमुख आकर्षण है। यह नृत्य-नाटक स्थानीय कलाकारों द्वारा प्रस्तुत किया जाता है और क्षेत्र की समृद्ध सांस्कृतिक धरोहर को प्रदर्शित करता है।

रास लीला एक भावनात्मक और आध्यात्मिक अनुभव है, जो सभी दर्शकों पर गहरी छाप छोड़ता है।

मथुरा और वृंदावन, अपनी समृद्ध पौराणिक कथाओं, जीवंत सांस्कृतिक परिदृश्य, और आध्यात्मिक महत्व के साथ, साधकों के लिए एक परिवर्तनकारी अनुभव प्रदान करते हैं। इन शहरों के मंदिर, आश्रम, और घाट आध्यात्मिक मनन और आत्मनिरीक्षण के लिए एक स्थान प्रदान करते हैं, जबकि इनके त्यौहार और सांस्कृतिक कार्यक्रम भारतीय परंपरा की समृद्ध धरोहर की झलक देते हैं।

राधा और कृष्ण का प्रेम, जिसे इन शहरों में मनाया जाता है, दिव्य प्रेम और भक्ति का प्रतीक है। यह एक ऐसा प्रेम है जो सभी सीमाओं को पार कर जाता है, एक ऐसा

प्रेम जो आत्मा को दिव्यता से जोड़ता है।

मथुरा और वृंदावन की यात्रा केवल एक तीर्थ यात्रा नहीं है; यह हृदय की यात्रा है, दिव्य प्रेम और आत्मिक पूर्णता की खोज है।

"मथुरा और वृंदावन, कृष्ण के जन्म और बाल्यकाल की भूमि, जहाँ दिव्य प्रेम हवा में व्याप्त है। कृष्ण जन्मभूमि मंदिर और बांके बिहारी मंदिर जाएँ, जहाँ बाल कृष्ण की शरारत भरी मोहकता भक्तों के दिलों को आकर्षित करती है।"

14

शिर्डी: साईं बाबा का निवास - सभी धर्मों के संत

शिर्डी, महाराष्ट्र के हृदय में बसा एक छोटा सा शहर, गहरी आध्यात्मिक महत्ता और धार्मिक सद्भाव का प्रतीक है। यह साईं बाबा का निवास स्थान है, एक ऐसे संत जो सभी धर्मों से ऊपर उठे और सभी जातियों और विश्वासों के लोगों को गले लगाया। साईं बाबा के प्रेम, करुणा और निःस्वार्थ सेवा के उपदेश आज भी लाखों भक्तों को प्रेरित करते हैं, जो उनकी कृपा और मार्गदर्शन प्राप्त करने के लिए शिर्डी आते हैं।

साईं बाबा का अतीत रहस्यमय था। वे शिर्डी एक युवा व्यक्ति के रूप में आए, उनकी पहचान और अतीत अज्ञात था। परंतु उनकी अद्भुत उपस्थिति, सरल उपदेश और चमत्कारों ने जल्दी ही भक्तों को उनकी ओर आकर्षित कर लिया।

साईं बाबा ने एक साधारण जीवन व्यतीत किया, एक टूटी हुई मस्जिद में रहते हुए, जिसे उन्होंने "द्वारकामाई" नाम दिया। वे अपने दिनों को भक्तों के साथ बिताते, उन्हें आध्यात्मिक मार्गदर्शन देते और चमत्कार करते जो बीमारों को ठीक करते, दुखियों को सांत्वना देते और असहायों की मदद करते।

साईं बाबा के उपदेश सरल परंतु गहरे थे। उन्होंने प्रेम, करुणा और भगवान पर

विश्वास की महत्ता पर जोर दिया। उन्होंने सिखाया कि सभी धर्म एक ही ईश्वर की ओर ले जाते हैं और हिंदू और मुसलमानों में कोई भेद नहीं है। उन्होंने अपने भक्तों को साधारण और सदाचारी जीवन जीने, जरूरतमंदों की मदद करने और हमेशा ईश्वर को याद रखने की प्रेरणा दी।

साईं बाबा के चमत्कार प्रसिद्ध थे। कहा जाता है कि उन्होंने बीमारों को ठीक किया, पानी को तेल में बदला, और एक ही समय में कई स्थानों पर प्रकट हुए। उनके चमत्कार सिर्फ अलौकिक शक्ति के प्रदर्शन नहीं थे, बल्कि जरूरतमंदों की मदद करने के लिए करुणा के कार्य थे। उनके चमत्कारों ने सभी वर्गों के लोगों को शिर्डी की ओर आकर्षित किया, और उनकी ख्याति दूर-दूर तक फैली।

साईं बाबा का समाधि मंदिर, जो उनके अंतिम विश्राम स्थल पर बना है, शिर्डी का हृदय और आत्मा है। सफेद संगमरमर से बने इस मंदिर परिसर में भक्तों की भक्ति और श्रद्धा का प्रतिबिंब है। मंदिर के गर्भगृह में साईं बाबा की समाधि स्थित है, जहाँ उनके पार्थिव अवशेष संरक्षित हैं।

दुनिया भर से भक्त शिर्डी में साईं बाबा को श्रद्धांजलि देने और उनका आशीर्वाद प्राप्त करने आते हैं। वे प्रार्थना करते हैं, दीप जलाते हैं, और भजन गाते हैं। मंदिर परिसर में हमेशा भक्तों की भीड़ रहती है, जो अपनी भक्ति और आस्था को साझा करते हुए आते हैं।

द्वारकामाई मस्जिद, जहाँ साईं बाबा रहते थे और ध्यान करते थे, शिर्डी में एक और महत्वपूर्ण तीर्थ स्थल है। यह मस्जिद एक साधारण ढाँचा है, जिसमें टाइल की छत और एक खुला आँगन है।

भक्त यहाँ ध्यान करने, प्रार्थना करने और साईं बाबा का आशीर्वाद प्राप्त करने आते हैं। मस्जिद में धूनी नामक एक पवित्र अग्नि भी है, जिसे साईं बाबा ने अपने जीवनकाल में जलाए रखा। इस धूनी में उपचारात्मक गुण होने का विश्वास है और इसे भक्तों द्वारा अत्यधिक पूजनीय माना जाता है।

चावड़ी, एक छोटा भवन जो हर दूसरे रात साईं बाबा के विश्राम स्थल के रूप में कार्य करता था, शिर्डी में एक और लोकप्रिय तीर्थ स्थल है। चावड़ी एक साधारण

ढाँचा है जिसमें एक लकड़ी का मंच है, जहाँ साईं बाबा सोते थे। भक्त यहाँ प्रार्थना करने और साईं बाबा का आशीर्वाद प्राप्त करने आते हैं।

लेंडी बाग, जो समाधि मंदिर के पास स्थित एक बगीचा है, हरी-भरी हरियाली और शांति का स्थल है। इस बगीचे में विभिन्न प्रकार के पेड़-पौधे हैं, और यह ध्यान और विश्राम के लिए एक लोकप्रिय स्थान है। लेंडी बाग में गुरुस्थान भी है, जहाँ एक नीम का पेड़ है, जिसके नीचे साईं बाबा के पहली बार शिर्डी में प्रकट होने का विश्वास है।

दिक्षित वाडा संग्रहालय, जो समाधि मंदिर के पास स्थित है, साईं बाबा से जुड़े वस्त्रों और स्मृतिचिह्नों का संग्रह है। संग्रहालय में साईं बाबा की व्यक्तिगत वस्तुएं, फोटोग्राफ और चित्र प्रदर्शित किए गए हैं।

यह संग्रहालय साईं बाबा के जीवन और उपदेशों के बारे में जानकारी का खजाना है और सभी भक्तों के लिए अवश्य देखने योग्य है।

शिर्डी की आध्यात्मिक महत्ता केवल उसके मंदिरों और मठों तक सीमित नहीं है। यहाँ की संकरी गलियाँ, व्यस्त बाजार और जीवंत सांस्कृतिक परिदृश्य इसकी सुंदरता को बढ़ाते हैं। यहाँ के भोजन पर भी साईं बाबा के उपदेशों का प्रभाव है, जहाँ कई रेस्तरां और भोजनालय साधारण और स्वादिष्ट शाकाहारी भोजन परोसते हैं।

शिर्डी साईं बाबा मंदिर ट्रस्ट, जिसकी स्थापना 1922 में हुई, मंदिर परिसर और शिर्डी की अन्य सुविधाओं के प्रबंधन और देखभाल का कार्य करता है। यह ट्रस्ट कई सामाजिक कार्यों में संलग्न है, जैसे कि अस्पताल, स्कूल और अनाथालय चलाना, जो समाज के जरूरतमंद वर्गों को आवश्यक सहायता प्रदान करते हैं।

ट्रस्ट साल भर विभिन्न धार्मिक और सांस्कृतिक कार्यक्रम भी आयोजित करता है, जो दुनिया भर से भक्तों को आकर्षित करता है। शिर्डी साईं बाबा पुण्यतिथि, जो हर साल 15 अक्टूबर को मनाई जाती है, एक प्रमुख आयोजन है, जिसमें विशेष प्रार्थना, भजन और शोभायात्रा होती है।

अंत में, शिर्डी एक ऐसा स्थान है जो गहरी आध्यात्मिक महत्ता और धार्मिक सद्भाव का प्रतीक है। यह एक ऐसा स्थान है जहाँ सभी धर्मों के लोग साईं बाबा का

आशीर्वाद प्राप्त करने के लिए आते हैं, एक ऐसे संत जिन्होंने सभी मानवता को अपनाया।

इस शहर के मंदिर, मठ और अन्य स्थल साईं बाबा की अटूट विरासत का प्रतीक हैं, और उनके प्रेम, करुणा और निःस्वार्थ सेवा के उपदेश आज भी दुनिया भर के लाखों लोगों को प्रेरित करते हैं।

"शिर्डी, साईं बाबा का निवास, एक ऐसा संत जो सभी धर्मों के लिए हैं। उनके उपदेशों की सरलता और सार्वभौमिकता का अनुभव करें, और समाधि मंदिर में उनकी कृपा प्राप्त करें, जो गहरी भक्ति और श्रद्धा का स्थान है।"

൭൭

15

सबरीमला: भगवान अयप्पा का वन निवास - एक चुनौतीपूर्ण यात्रा

केरल राज्य के पश्चिमी घाट के घने जंगलों में बसा सबरीमला एक ऐसा तीर्थ स्थल है, जो गहरी आध्यात्मिक महत्ता और लाखों भक्तों की अडिग भक्ति का प्रतीक है। भगवान अयप्पा को समर्पित सबरीमला मंदिर एक अनोखा मंदिर है, जो हर जाति और धर्म के भक्तों को आकर्षित करता है। भक्त कठिन यात्रा कर, कठिनाइयों से भरे मार्गों को पार करते हुए इस पवित्र स्थान पर भगवान अयप्पा का आशीर्वाद पाने और उसकी दिव्यता का अनुभव करने आते हैं।

सबरीमला यात्रा, जिसे सबरीमला यात्रा के नाम से जाना जाता है, एक कठोर और चुनौतीपूर्ण यात्रा है, जो भक्तों की शारीरिक और मानसिक सहनशीलता की परीक्षा लेती है। यह यात्रा लगभग 40 किलोमीटर की दूरी तय करती है, जिसमें खड़ी पहाड़ियाँ, घने जंगल और कठिन मार्ग शामिल हैं। भक्त, काले या भगवा वस्त्रों में, अपने सिर पर इरुमुदिकेट्टू (भगवान के लिए चढ़ावा रखने का पवित्र गठ्ठा) लेकर इस कठिन यात्रा पर निकलते हैं।

सबरीमला यात्रा केवल एक शारीरिक यात्रा नहीं है; यह एक आध्यात्मिक यात्रा है, जिसमें कड़े नियमों और अनुष्ठानों का पालन करना होता है। भक्त यात्रा शुरू करने से पहले 41 दिनों की व्रत अवधि का पालन करते हैं, जिसे व्रतम कहते हैं।

इस अवधि में वे मांस, शराब और अन्य सांसारिक सुखों से दूर रहते हैं और प्रार्थना, उपवास और ब्रह्मचर्य का पालन करते हैं।

सबरीमला की यात्रा आत्म-खोज और समर्पण की यात्रा है। भक्त, कठिन परिस्थितियों और मार्ग की कठिनाइयों का सामना करते हुए, अपनी सहनशीलता को परखते हैं। यह यात्रा जीवन की एक उपमा है, जिसमें उतार-चढ़ाव, चुनौतियाँ और पुरस्कार होते हैं। यात्रा के शारीरिक श्रम और आध्यात्मिक साधना के साथ-साथ मन और शरीर की शुद्धि होती है, जो भक्त को भगवान से गहरी संबंध की तैयारी कराती है।

सबरीमला पहाड़ी के शिखर पर स्थित सबरीमला मंदिर, एक सरल परंतु भव्य संरचना है, जो शांति और भक्ति की आभा से ओतप्रोत है। मंदिर के गर्भगृह में भगवान अयप्पा की मूर्ति स्थापित है, जिन्हें ब्रह्मचर्य, साहस और करुणा के लिए पूजनीय माना जाता है। यह मूर्ति स्वयंभू मानी जाती है और आभूषणों तथा वस्त्रों से सजी होती है।

भक्त, कठिन यात्रा पूरी करने के बाद, भगवान के दर्शन के लिए घंटों कतार में खड़े रहते हैं। दर्शन का यह अनुभव संक्षिप्त परंतु गहन आध्यात्मिक होता है, जहाँ भक्त को भगवान से गहरा संबंध महसूस होता है। मंदिर परिसर में अन्य देवताओं के भी कई मंदिर हैं, जिनमें वावर नामक मुस्लिम संत का मंदिर भी है, जो भगवान अयप्पा के मित्र माने जाते हैं।

पथिनेट्टमपडी, या अठारह पवित्र सीढ़ियाँ, जो मुख्य मंदिर तक पहुँचने का मार्ग हैं, सबरीमला मंदिर की एक महत्वपूर्ण विशेषता हैं। भक्त इन सीढ़ियों पर श्रद्धा के साथ चढ़ते हैं, प्रार्थना करते हैं और भगवान का आशीर्वाद माँगते हैं। ये सीढ़ियाँ अठारह पुराणों का प्रतीक मानी जाती हैं।

मकरविलक्कु, एक दिव्य ज्योति जो मकर संक्रांति के दिन प्रकट होती है, सबरीमला यात्रा का मुख्य आकर्षण है। यह ज्योति, जो एक दिव्य चमत्कार मानी जाती है, हज़ारों भक्तों द्वारा देखी जाती है, जो इसे देखने के लिए पहाड़ी पर एकत्रित होते हैं। मकरविलक्कु आशा और नवीनीकरण का प्रतीक है, जो अच्छाई की बुराई पर विजय को दर्शाता है।

सबरीमला मंदिर, अपनी अनोखी परंपराओं, अनुष्ठानों और आध्यात्मिक महत्व के साथ, भारत की विविध धार्मिक और सांस्कृतिक परंपराओं का प्रतीक है। यह मंदिर जाति, धर्म या सामाजिक स्थिति के भेदभाव के बिना सभी भक्तों का स्वागत करता है। यह तीर्थ यात्रा एकता और भाईचारे का प्रतीक है, जहाँ विभिन्न पृष्ठभूमियों के लोग आस्था और भक्ति में एक साथ आते हैं।

सबरीमला मंदिर का प्रबंधन त्रावणकोर देवास्वोम बोर्ड (टीडीबी) द्वारा किया जाता है, जो भक्तों के लिए एक सुरक्षित और सुविधाजनक यात्रा सुनिश्चित करने में महत्वपूर्ण भूमिका निभाता है। टीडीबी मंदिर की दैनिक गतिविधियों का संचालन, भक्तों के लिए आवास और भोजन की व्यवस्था, और यात्रा मार्गों का रखरखाव करता है। टीडीबी कई सामाजिक कार्यों में भी शामिल है, जैसे अस्पताल, स्कूल और अनाथालय, जो समाज के जरूरतमंद वर्गों को सहायता प्रदान करते हैं।

सबरीमला यात्रा, अपने संघर्ष और पुरस्कारों के साथ, एक परिवर्तनकारी अनुभव है, जो भक्तों पर गहरी छाप छोड़ता है। यह यात्रा, शारीरिक और आध्यात्मिक दोनों ही स्तरों पर, आस्था, सहनशीलता और भक्ति की परीक्षा है। भगवान अयप्पा के समक्ष खड़े होकर, दिनों की कठिन यात्रा और कठोर तपस्या के बाद, एक गहन आध्यात्मिक जागरण का क्षण होता है, जो आस्था को पुनः पुष्टि करता है और एक सदाचारी जीवन जीने का संकल्प मजबूत करता है।

"सबरीमला, जहाँ भगवान अयप्पा के पहाड़ी मंदिर तक पहुँचने की कठिन यात्रा लाखों भक्तों की अडिग आस्था का प्रतीक है। इस आध्यात्मिक यात्रा पर निकलें, चुनौतियों का सामना करें और भगवान अयप्पा की दिव्य ऊर्जा को अपने मार्गदर्शक बनाएं।"

16

केदारनाथ: भगवान शिव का हिमालयी धाम - एक पवित्र यात्रा

केदारनाथ, उत्तरी भारतीय राज्य उत्तराखंड के गढ़वाल हिमालय की भव्य चोटियों के बीच स्थित, गहरी आध्यात्मिक महत्ता वाला स्थान है और लाखों तीर्थयात्रियों की अडिग भक्ति का प्रतीक है। हिंदू धर्म के चार धामों में से एक, केदारनाथ, भगवान शिव को समर्पित केदारनाथ मंदिर का निवास स्थान है। विनाश और सृजन के देवता माने जाने वाले शिव को समर्पित इस मंदिर तक की यात्रा, कठिन लेकिन आत्मिक रूप से समृद्ध अनुभव है, जो हर वर्ग के भक्तों को आकर्षित करती है।

केदारनाथ मंदिर, 3,583 मीटर (11,755 फीट) की ऊँचाई पर स्थित है, जो बर्फ से ढकी चोटियों और स्वच्छ ग्लेशियरों से घिरा हुआ है। मंदिर की वास्तुकला प्राचीन और मध्यकालीन शैलियों का मिश्रण है, जो इस क्षेत्र की समृद्ध सांस्कृतिक धरोहर को दर्शाती है। मंदिर के गर्भगृह में शंकु के आकार की एक पवित्र शिला है, जिसे भगवान शिव का प्रतीक माना जाता है, और इसे केदारनाथ ज्योतिर्लिंग के रूप में पूजा जाता है, जो शिव के बारह पवित्र स्थलों में से एक है।

मंदिर का इतिहास पौराणिक कथाओं और किंवदंतियों में डूबा हुआ है। हिंदू मान्यताओं के अनुसार, महाकाव्य महाभारत के नायक पांडवों ने कुरुक्षेत्र युद्ध

के बाद अपने पापों का प्रायश्चित करने के लिए केदारनाथ में भगवान शिव का आशीर्वाद प्राप्त किया। मंदिर का संबंध आदि शंकराचार्य से भी है, जो 8वीं सदी में इस मंदिर की स्थापना करने वाले महान संत माने जाते हैं।

केदारनाथ यात्रा, आस्था, भक्ति और आत्म-खोज की यात्रा है। भक्त, केसरिया या सफेद वस्त्रों में, एक कठिन और आत्मिक रूप से उन्नत यात्रा पर निकलते हैं। यह यात्रा लगभग 18 किलोमीटर (11 मील) की दूरी तय करती है, जो गौरीकुंड से शुरू होती है, जो केदारनाथ पर्वत की तलहटी पर स्थित एक छोटा सा शहर है।

यह यात्रा, जिसे पूरा करने में लगभग 6-7 घंटे लगते हैं, में तीव्र ढलानों पर चढ़ाई, उफनती नदियों को पार करना और घने जंगलों से गुजरना शामिल है। ऊबड़-खाबड़ रास्ते और ऊँचाई पर पहुँचने पर सांस लेने में कठिनाई भक्तों की शारीरिक और मानसिक सहनशीलता की परीक्षा लेते हैं। लेकिन इस दौरान मनमोहक प्राकृतिक दृश्य, शुद्ध पहाड़ी हवा और पूरे क्षेत्र में व्याप्त आध्यात्मिक आभा इस यात्रा को अविस्मरणीय बनाते हैं।

केदारनाथ यात्रा केवल शारीरिक यात्रा नहीं है; यह एक आध्यात्मिक यात्रा है, जिसमें कड़े नियमों और परंपराओं का पालन करना होता है। भक्त, यात्रा शुरू करने से पहले, गौरीकुंड के पवित्र जल में स्नान करते हैं, जिसे उपचारात्मक गुणों वाला माना जाता है। वे देवी पार्वती को समर्पित गौरी मंदिर में भी प्रार्थना करते हैं।

केदारनाथ यात्रा में कई विश्राम स्थल भी आते हैं, जिनमें से प्रत्येक का अपना महत्व है। रास्ते में स्थित रामबाड़ा, जो यात्रा का आधा रास्ता है, एक लोकप्रिय विश्राम स्थल है। यहाँ से आसपास के पहाड़ों के अद्भुत दृश्य दिखाई देते हैं और यह एक छोटे से गणेश मंदिर का घर भी है, जो बाधाओं को दूर करने वाले भगवान गणेश को समर्पित है।

रामबाड़ा से केदारनाथ तक की अंतिम यात्रा सबसे कठिन होती है। रास्ता और भी अधिक खड़ी और संकीर्ण हो जाती है, और ऊँचाई बढ़ने के साथ हवा पतली होती जाती है। परंतु केदारनाथ मंदिर के दृश्य से भक्तों में एक नई ऊर्जा और दृढ़ता का संचार होता है।

मंदिर पहुँचने पर, भक्त भगवान शिव की पूजा करते हैं और उनका आशीर्वाद प्राप्त करते हैं। मंदिर का गर्भगृह अत्यंत श्रद्धा का स्थान है, जहाँ भक्त गहरे आध्यात्मिक संबंध को महसूस करते हैं। मंदिर में अन्य देवताओं, जैसे देवी पार्वती, भगवान गणेश और भगवान हनुमान के भी कई मंदिर स्थित हैं।

केदारनाथ यात्रा केवल एक धार्मिक यात्रा नहीं है; यह एक सांस्कृतिक और सामाजिक आयोजन भी है। भारत और बाहर से आए हुए तीर्थयात्री, भाषाई, क्षेत्रीय और सामाजिक भेदभाव को पार करते हुए एक साथ आते हैं। यह यात्रा आस्था की एकता और आध्यात्मिक ज्ञान की खोज का प्रतीक है।

केदारनाथ मंदिर, अपने समृद्ध इतिहास, भव्य वास्तुकला और आध्यात्मिक महत्व के साथ, लाखों लोगों के लिए आशा और प्रेरणा का प्रतीक है। मंदिर की शांत वातावरण और चारों ओर फैली हिमालय की प्राकृतिक सुंदरता एक अनोखा शांतिपूर्ण और भक्तिपूर्ण माहौल बनाती है।

अंत में, केदारनाथ यात्रा एक जीवन की यात्रा है, एक ऐसा अनुभव जो सभी के दिलों और दिमागों पर अमिट छाप छोड़ता है। यह यात्रा, हालाँकि कठिन है, आस्था, सहनशीलता और भक्ति की परीक्षा है। केदारनाथ मंदिर तक पहुँचने का अनुभव, ज्योतिर्लिंग के समक्ष खड़े होने और दिव्य उपस्थिति को महसूस करने का क्षण, एक गहरी आध्यात्मिक जागृति का क्षण होता है, जो जीवन में सदाचारी पथ पर चलने के संकल्प को पुनः पुष्टि करता है।

"केदारनाथ, जहाँ भगवान शिव का हिमालयी धाम बर्फ से ढकी चोटियों के बीच स्थित है। इस पवित्र धाम तक की चुनौतीपूर्ण यात्रा भक्ति और सहनशीलता की परीक्षा है, लेकिन इसका इनाम एक गहन आध्यात्मिक अनुभव और दिव्यता के साथ एक अद्वितीय संबंध है।"

17

बद्रीनाथ: हिमालय में भगवान विष्णु का निवास - चार धाम यात्रा

बद्रीनाथ, उत्तरी भारतीय राज्य उत्तराखंड के गढ़वाल हिमालय की भव्य चोटियों के बीच स्थित, गहरी आध्यात्मिक महत्ता वाला स्थान है और लाखों हिंदुओं के लिए भक्ति का प्रतीक है। हिंदू धर्म के चार धामों में से एक, बद्रीनाथ, भगवान विष्णु को समर्पित बद्रीनाथ मंदिर का निवास स्थान है। इस कठिन यात्रा के माध्यम से भक्त इस पवित्र स्थान तक पहुँचते हैं, जहाँ भगवान का आशीर्वाद पाने और आत्मा की शुद्धि का अनुभव करने के लिए विभिन्न कठिनाइयों से गुजरते हैं।

अलकनंदा नदी के तट पर स्थित बद्रीनाथ मंदिर 3,133 मीटर (10,279 फीट) की ऊँचाई पर स्थित एक भव्य संरचना है, जो शांति और भक्ति की आभा से ओतप्रोत है। मंदिर की वास्तुकला प्राचीन और मध्यकालीन शैलियों का मिश्रण है, जो इस क्षेत्र की समृद्ध सांस्कृतिक धरोहर को दर्शाती है। मंदिर के मुख्य देवता बद्रीनारायण, भगवान विष्णु के रूप में ध्यान की मुद्रा में विराजमान हैं, और उनके साथ उनकी पत्नी लक्ष्मी भी बैठी हुई हैं।

मंदिर का इतिहास पौराणिक कथाओं और किंवदंतियों में डूबा हुआ है। हिंदू मान्यताओं के अनुसार, भगवान विष्णु ने बद्रीनाथ में हजारों वर्षों तक ध्यान किया, और उनकी पत्नी लक्ष्मी ने एक बड़ के पेड़ (बद्री) का रूप लेकर उन्हें कठोर

मौसम से सुरक्षित रखा। इस मंदिर का संबंध आदि शंकराचार्य से भी है, जो 8वीं सदी में इस मंदिर की स्थापना करने वाले महान संत माने जाते हैं।

बद्रीनाथ यात्रा आस्था, भक्ति और आत्म-खोज की यात्रा है। भक्त, केसरिया या सफेद वस्त्रों में, एक कठिन और आत्मिक यात्रा पर निकलते हैं। यह यात्रा लगभग 24 किलोमीटर (15 मील) की दूरी तय करती है, जो जोशीमठ से शुरू होती है, जो नीलकंठ चोटी की तलहटी पर स्थित एक छोटा सा शहर है।

यह यात्रा, जिसे पूरा करने में लगभग 8-9 घंटे लगते हैं, में तीव्र ढलानों पर चढ़ाई, उफनती नदियों को पार करना और घने जंगलों से गुजरना शामिल है। ऊबड़-खाबड़ रास्ते और ऊँचाई पर पहुँचने पर सांस लेने में कठिनाई भक्तों की शारीरिक और मानसिक सहनशीलता की परीक्षा लेते हैं। लेकिन इस दौरान मनमोहक प्राकृतिक दृश्य, शुद्ध पहाड़ी हवा और पूरे क्षेत्र में व्याप्त आध्यात्मिक आभा इस यात्रा को अविस्मरणीय बनाते हैं।

बद्रीनाथ यात्रा केवल शारीरिक यात्रा नहीं है; यह एक आध्यात्मिक यात्रा है, जिसमें कड़े नियमों और परंपराओं का पालन करना होता है। भक्त, यात्रा शुरू करने से पहले तप्त कुंड के पवित्र जल में स्नान करते हैं, जिसे उपचारात्मक गुणों वाला माना जाता है। वे भगवान नरसिंह को समर्पित नरसिंह मंदिर में भी प्रार्थना करते हैं, जो भगवान विष्णु का एक उग्र अवतार है।

बद्रीनाथ यात्रा में कई विश्राम स्थल भी आते हैं, जिनमें से प्रत्येक का अपना महत्व है। माणा, मंदिर से पहले का अंतिम गाँव है, जिसे स्वर्ग का द्वार माना जाता है। इस गाँव में कई प्राचीन मंदिर और गुफाएँ हैं, जिनमें व्यास गुफा शामिल है, जहाँ ऋषि वेद व्यास ने महाभारत की रचना की थी।

माणा से बद्रीनाथ तक की अंतिम यात्रा सबसे कठिन होती है। रास्ता और भी अधिक खड़ा और संकीर्ण हो जाता है, और ऊँचाई बढ़ने के साथ हवा पतली होती जाती है। परंतु बद्रीनाथ मंदिर के दृश्य से भक्तों में एक नई ऊर्जा और दृढ़ता का संचार होता है।

मंदिर पहुँचने पर, भक्त भगवान बद्रीनारायण की पूजा करते हैं और उनका

आशीर्वाद प्राप्त करते हैं। मंदिर का गर्भगृह अत्यंत श्रद्धा का स्थान है, जहाँ भक्त गहरे आध्यात्मिक संबंध को महसूस करते हैं। मंदिर में अन्य देवताओं, जैसे देवी लक्ष्मी, भगवान गणेश और भगवान हनुमान के भी कई मंदिर स्थित हैं।

बद्रीनाथ यात्रा केवल एक धार्मिक यात्रा नहीं है; यह एक सांस्कृतिक और सामाजिक आयोजन भी है। भारत और विदेशों से आए हुए तीर्थयात्री, भाषाई, क्षेत्रीय और सामाजिक भेदभाव को पार करते हुए एक साथ आते हैं। यह यात्रा आस्था की एकता और आध्यात्मिक ज्ञान की खोज का प्रतीक है।

बद्रीनाथ मंदिर, अपने समृद्ध इतिहास, भव्य वास्तुकला और आध्यात्मिक महत्व के साथ, लाखों लोगों के लिए आशा और प्रेरणा का प्रतीक है। मंदिर का शांत वातावरण और चारों ओर फैली हिमालय की प्राकृतिक सुंदरता एक अनोखा शांतिपूर्ण और भक्तिपूर्ण माहौल बनाती है।

अंत में, बद्रीनाथ यात्रा एक जीवन की यात्रा है, एक ऐसा अनुभव जो सभी के दिलों और दिमागों पर अमिट छाप छोड़ता है। यह यात्रा, हालाँकि कठिन है, आस्था, सहनशीलता और भक्ति की परीक्षा है। बद्रीनाथ मंदिर तक पहुँचने का अनुभव, बद्रीनारायण के समक्ष खड़े होने और दिव्य उपस्थिति को महसूस करने का क्षण, एक गहरी आध्यात्मिक जागृति का क्षण होता है, जो जीवन में सदाचारी पथ पर चलने के संकल्प को पुनः पुष्टि करता है।

"बद्रीनाथ, हिमालय की एक और अद्भुत धरोहर, जहाँ भगवान विष्णु का निवास शांति और आशीर्वाद प्रदान करता है। बद्रीनाथ यात्रा, जो शारीरिक और आध्यात्मिक सीमाओं की परीक्षा लेती है, एक गहरे आत्मिक संबंध और आत्म-जागरूकता की खोज की ओर ले जाती है।"

18

हेमकुंड साहिब: ऊँचाई पर स्थित सिख गुरुद्वारा - आध्यात्मिक शांति

हेमकुंड साहिब, उत्तराखंड के हिमालय की सुंदर चोटियों में बसा एक पूजनीय सिख तीर्थ स्थल है, जो सिख समुदाय की अटूट भक्ति और आध्यात्मिक दृढ़ता का प्रतीक है। समुद्र तल से 4,632 मीटर (15,200 फीट) की ऊँचाई पर स्थित हेमकुंड साहिब विश्व के सबसे ऊँचाई वाले गुरुद्वारों में से एक है, और इसकी निर्मल सुंदरता और शांत वातावरण सभी के लिए एक अद्वितीय आध्यात्मिक अनुभव प्रदान करता है जो इस पवित्र स्थल तक कठिन यात्रा करते हैं।

हेमकुंड साहिब की यात्रा स्वयं में एक साहसिक अनुभव है, जो भक्तों की शारीरिक और मानसिक सहनशीलता की परीक्षा लेता है। यह यात्रा लगभग 19 किलोमीटर (12 मील) की दूरी तय करती है, जो हेमकुंड साहिब की तलहटी में स्थित गोविंदघाट से शुरू होती है। यह दो दिनों में पूरी होने वाली यात्रा में तीव्र ढलानों पर चढ़ाई, उफनती नदियों को पार करना और घने जंगलों से गुजरना शामिल है। कठिन भूभाग और ऊँचाई भक्तों के लिए चुनौतीपूर्ण होते हैं, लेकिन मनोहारी प्राकृतिक दृश्य, स्वच्छ पर्वतीय हवा, और पूरे क्षेत्र में व्याप्त आध्यात्मिक आभा इस यात्रा को अविस्मरणीय बना देती है।

हेमकुंड साहिब गुरुद्वारा, निर्मल हेमकुंड झील के किनारे स्थित, देखने में अत्यंत सुंदर है। सफेद संगमरमर से बना यह गुरुद्वारा सिख भक्ति और दृढ़ता का प्रतीक है। गुरुद्वारे के गर्भगृह में सिखों का पवित्र ग्रंथ, गुरु ग्रंथ साहिब, स्थापित है, जिसे शाश्वत गुरु माना जाता है। भक्त यहाँ प्रार्थना करते हैं, भजन गाते हैं और गुरु ग्रंथ साहिब का आशीर्वाद प्राप्त करते हैं, उनके दिल में आभार और श्रद्धा का भाव भरा रहता है।

हेमकुंड झील, जो बर्फ से ढकी चोटियों से घिरी हुई एक ग्लेशियल झील है, सिखों द्वारा पवित्र मानी जाती है। सिख मान्यता के अनुसार, दसवें सिख गुरु, गुरु गोविंद सिंह ने अपने पूर्व जन्म में इस झील के किनारे ध्यान किया था। झील का साफ पानी, आसपास के पहाड़ों और नीले आकाश का प्रतिबिंब, मन को शांति और संतोष से भर देता है।

हेमकुंड साहिब गुरुद्वारा केवल एक पूजा स्थल नहीं है; यह धार्मिक सहिष्णुता और सामंजस्य का प्रतीक भी है। गुरुद्वारा सभी धर्मों और पृष्ठभूमियों के लोगों का स्वागत करता है, उन्हें ध्यान, प्रार्थना और ईश्वर से जुड़ने का स्थान प्रदान करता है। लंगर, या सामुदायिक भोजनालय, सिख सेवा के सिद्धांत का प्रतीक है, जहाँ सभी जाति, धर्म और सामाजिक स्थिति से परे हज़ारों भक्तों को निःशुल्क भोजन परोसा जाता है।

हेमकुंड साहिब यात्रा, जो मई से अक्टूबर के बीच होती है, आध्यात्मिक उत्साह और आनंद का समय होता है। इस दौरान दुनिया भर से हज़ारों भक्त इस पवित्र स्थल पर एकत्रित होते हैं। यात्रा आत्म-निरीक्षण, आत्म-खोज और आध्यात्मिक नवीनीकरण का समय होती है। कठिनाइयों और प्रतिकूल मौसम का सामना करने के बावजूद, भक्त इस यात्रा में शांति, संतोष और ईश्वर के प्रति गहरा संबंध महसूस करते हैं।

हेमकुंड साहिब गुरुद्वारा, अपनी निर्मल सुंदरता, शांत वातावरण और आध्यात्मिक महत्व के साथ, लाखों लोगों के लिए आशा और प्रेरणा का प्रतीक है। गुरुद्वारे का संदेश, आस्था, भक्ति और निःस्वार्थ सेवा का संदेश सभी जीवन के क्षेत्रों के लोगों के साथ प्रतिध्वनित होता है, जो इसे एक सच्चे सार्वभौमिक पूजा

स्थल बनाता है।

हेमकुंड साहिब मैनेजमेंट ट्रस्ट (एचएसएमटी), गुरुद्वारे की दैनिक गतिविधियों का संचालन करता है, भक्तों के लिए आवास और भोजन की व्यवस्था करता है, और यात्रा मार्गों का रखरखाव करता है। एचएसएमटी कई सामाजिक कार्यों, जैसे चिकित्सा शिविर और पर्यावरण संरक्षण परियोजनाओं का भी आयोजन करता है।

हेमकुंड साहिब यात्रा, यद्यपि शारीरिक रूप से कठिन है, जीवन की एक यात्रा है, जो सभी के दिलों और दिमागों पर अमिट छाप छोड़ती है। यात्रा, गुरु ग्रंथ साहिब के दर्शन, पवित्र हेमकुंड झील में स्नान, और सह-भक्तों के साथ लंगर में भागीदारी, सभी गहरे आध्यात्मिक महत्व के क्षण हैं, जो आत्मा पर स्थायी प्रभाव छोड़ते हैं।

"हेमकुंड साहिब, एक ऊँचाई पर स्थित सिख गुरुद्वारा, जो भक्ति और दृढ़ता की भावना का प्रतीक है। इस पवित्र स्थल तक की कठिन यात्रा पर चलें और इसके निर्मल वातावरण से निकलने वाली शांति और आध्यात्मिक शांति का अनुभव करें।"

19

वैष्णो देवी: देवी का पर्वतीय धाम - भक्ति की परीक्षा

वैष्णो देवी, जो उत्तर भारतीय राज्य जम्मू और कश्मीर के त्रिकुटा पर्वतों के बीच स्थित है, एक पूजनीय तीर्थ स्थल है जो हर वर्ष लाखों भक्तों को आकर्षित करता है। देवी वैष्णो देवी को समर्पित यह पवित्र धाम शक्ति की देवी के रूप में मानी जाती है। इस मंदिर तक पहुँचने की 13 किलोमीटर लंबी कठिन यात्रा भक्तों की भक्ति और सहनशीलता की परीक्षा है, और उन भक्तों के अडिग विश्वास का प्रमाण है जो इस आध्यात्मिक यात्रा पर निकलते हैं।

वैष्णो देवी यात्रा, जो तीर्थयात्रियों के लिए एक रूपांतरकारी अनुभव है, शारीरिक प्रयास और आध्यात्मिक चिंतन दोनों को जोड़ती है। भक्त, केसरिया या सफेद वस्त्रों में, त्रिकुटा पर्वत की तलहटी में बसे कटरा से अपनी यात्रा शुरू करते हैं। यह यात्रा, जिसे पूरा करने में लगभग 6-8 घंटे लगते हैं, एक घुमावदार मार्ग है जो सुंदर प्राकृतिक दृश्यों, घने जंगलों और पथरीले रास्तों से होकर गुजरता है।

यात्रा में तीव्र चढ़ाई और संकीर्ण रास्ते आते हैं, जो भक्तों की शारीरिक सहनशीलता की परीक्षा लेते हैं। लेकिन पहाड़ों के मनोहारी दृश्य, प्रकृति की शांत ध्वनियाँ, और पूरे क्षेत्र में व्याप्त आध्यात्मिक आभा इस यात्रा को एक अविस्मरणीय अनुभव बनाते हैं। भक्त, भजन और प्रार्थनाएँ गाते हुए, अपनी आस्था से प्रेरणा पाते हैं और

पवित्र धाम तक पहुँचने के लिए अपनी सीमाओं को आगे बढ़ाते हैं।

वैष्णो देवी यात्रा केवल शारीरिक यात्रा नहीं है; यह एक आध्यात्मिक यात्रा है, जिसमें कुछ विशेष परंपराओं और अनुष्ठानों का पालन करना होता है। भक्त यात्रा शुरू करने से पहले पवित्र बाणगंगा नदी में स्नान करते हैं, जिसे शरीर और आत्मा को शुद्ध करने वाला माना जाता है। वे भैरो मंदिर में भी प्रार्थना करते हैं, जो भगवान शिव के उग्र रूप, भैरोनाथ को समर्पित है और जिन्हें वैष्णो देवी के मंदिर का रक्षक माना जाता है।

मंदिर तक पहुँचने का मार्ग कई महत्वपूर्ण पड़ावों से होकर गुजरता है। यात्रा के बीच स्थित अर्धकवारी गुफा एक पवित्र स्थल है, जहाँ देवी वैष्णो देवी ने नौ महीने तक ध्यान किया था। इस गुफा तक केवल रेंगकर ही पहुँचा जा सकता है, जो आध्यात्मिक ज्ञान की खोज में विनम्रता और समर्पण के महत्व को दर्शाता है।

भवन, जो वैष्णो देवी का मुख्य मंदिर है, इस कठिन यात्रा के अंत में स्थित है। गुफा जैसे इस मंदिर में तीन प्राकृतिक पिंडियाँ हैं, जिन्हें देवी वैष्णो देवी के रूप में पूजा जाता है। ये पिंडियाँ शक्ति के तीन रूपों - महाकाली, महालक्ष्मी और महासरस्वती का प्रतीक मानी जाती हैं और इन्हें स्वयम्भू (स्वतः प्रकट) माना जाता है।

पिंडियों का दर्शन एक गहन आध्यात्मिक अनुभव होता है, जहाँ भक्तों को देवी शक्ति के साथ गहरा संबंध महसूस होता है। मंदिर का शांत वातावरण, भजनों का गान और अगरबत्ती की सुगंध एक ऐसा भक्तिपूर्ण वातावरण बनाते हैं, जो अति विशिष्ट है।

वैष्णो देवी यात्रा केवल धार्मिक यात्रा नहीं है; यह एक सांस्कृतिक और सामाजिक आयोजन भी है। भारत और विदेशों से आए तीर्थयात्री, भाषाई, क्षेत्रीय और सामाजिक बाधाओं को पार करते हुए एक साथ आते हैं। यह यात्रा आस्था की एकता और आध्यात्मिक ज्ञान की मानविक खोज का प्रतीक है।

वैष्णो देवी श्राइन बोर्ड, जो मंदिर का प्रबंधन करता है, भक्तों के लिए एक सुरक्षित और सहज यात्रा अनुभव सुनिश्चित करने में महत्वपूर्ण भूमिका निभाता है। बोर्ड मंदिर की दैनिक गतिविधियों का संचालन, भक्तों के लिए आवास और भोजन की

व्यवस्था और यात्रा मार्गों का रखरखाव करता है। बोर्ड कई समाजसेवी कार्य, जैसे अस्पताल, स्कूल और अनाथालय भी चलाता है, जिससे समाज के वंचित वर्गों को सहायता मिलती है।

वैष्णो देवी यात्रा, अपने संघर्षों और पुरस्कारों के साथ, भक्तों पर एक स्थायी प्रभाव छोड़ती है। यह यात्रा, शारीरिक और आध्यात्मिक दोनों ही स्तरों पर, आस्था, सहनशीलता और भक्ति की परीक्षा है। भवन तक पहुँचने का अनुभव, पिंडियों के सामने खड़े होकर देवी की उपस्थिति को महसूस करने का क्षण, एक गहन आध्यात्मिक जागरण का क्षण होता है, जो जीवन में सदाचारी मार्ग पर चलने के संकल्प को पुनः पुष्टि करता है।

"वैष्णो देवी, एक पर्वतीय धाम जहाँ देवी वैष्णो देवी की ऊर्जा तीन पिंडियों में प्रकट होती है। इस पवित्र धाम तक की चुनौतीपूर्ण यात्रा भक्ति की परीक्षा है और आत्म-खोज की यात्रा है, जो देवी शक्ति के साथ गहरे संबंध की ओर ले जाती है।"

20

अमरनाथ: बर्फीली लिंगम गुफा मंदिर - एक रहस्यमयी तीर्थयात्रा

अमरनाथ, जो उत्तर भारतीय राज्य जम्मू और कश्मीर के हिमालय की ऊँचाइयों में बसा है, गहरी आध्यात्मिक महत्ता का स्थल है और श्रद्धा और भक्ति की अदम्य शक्ति का प्रतीक है। अमरनाथ यात्रा, जो हर वर्ष आयोजित की जाती है, एक चुनौतीपूर्ण किन्तु आध्यात्मिक रूप से समृद्ध यात्रा है, जो सभी क्षेत्रों के हजारों तीर्थयात्रियों को आकर्षित करती है, जो भगवान शिव का आशीर्वाद प्राप्त करने और आत्मा की शुद्धि के लिए आते हैं।

अमरनाथ गुफा, 3,888 मीटर (12,760 फीट) की ऊँचाई पर स्थित, एक प्राकृतिक आश्चर्य है जहाँ बर्फ की प्राकृतिक रूप से बनी लिंगम, जिसे अमरनाथ लिंगम के रूप में भगवान शिव का प्रतीक माना जाता है, स्थित है। यह लिंगम, टपकते पानी के जमने से बनता है और चंद्र चक्र के अनुसार घटता-बढ़ता है, जो गर्मियों के महीनों में अपने पूर्ण आकार में पहुँचता है। इस अद्वितीय प्राकृतिक घटना के साथ गुफा की बर्फ से ढकी चोटियों और ग्लेशियरों के बीच की स्थिति अमरनाथ यात्रा को एक रहस्यमयी और विस्मयकारी अनुभव बनाती है।

अमरनाथ यात्रा, जो सामान्यतः जून से अगस्त के बीच होती है, आस्था, सहनशक्ति और भक्ति की परीक्षा है। तीर्थयात्री, गर्म कपड़ों में लिपटे और

आवश्यक वस्त्रों को लेकर इस कठिन यात्रा पर निकलते हैं, जो शारीरिक रूप से कठिन और आध्यात्मिक रूप से उठान देने वाली होती है। यात्रा दो मार्गों से की जा सकती है - पारंपरिक पहलगाम मार्ग और छोटा बालटाल मार्ग, जिनमें से प्रत्येक मार्ग में कठिन पर्वतीय रास्तों और तेज बहती नदियों से गुजरना पड़ता है।

पहलगाम मार्ग, जो 46 किलोमीटर (29 मील) लंबा है, पूरा करने में लगभग 4-5 दिन लगते हैं। यह मार्ग पहलगाम से शुरू होता है, जो लिद्दर घाटी में बसा एक सुंदर शहर है। यह मार्ग हरी-भरी घास, घने जंगलों और बर्फ से ढकी पहाड़ियों के बीच से गुजरता है। मार्ग में विभिन्न कैंपों जैसे चंदनवाड़ी, शेषनाग और पंचतरणी में रुक कर तीर्थयात्री आराम करते हैं और अपनी यात्रा जारी रखने के लिए आवश्यक वस्त्र जुटाते हैं।

बालटाल मार्ग, जो 14 किलोमीटर (9 मील) लंबा है, छोटा किन्तु अधिक खड़ी चढ़ाई वाला है, और इसे एक या दो दिन में पूरा किया जा सकता है। यह मार्ग बालटाल से शुरू होता है, जो पहलगाम से अधिक ऊँचाई पर स्थित है। यह मार्ग कठिन है, परंतु ग्लेशियरों और बर्फीली चोटियों के अद्भुत दृश्य प्रस्तुत करता है।

अमरनाथ यात्रा केवल शारीरिक यात्रा नहीं है; यह एक आध्यात्मिक यात्रा भी है, जिसमें कई परंपराओं और अनुष्ठानों का पालन करना होता है। तीर्थयात्री यात्रा आरंभ करने से पहले पवित्र अमरनाथ नदी में स्नान करते हैं, जिसे शरीर और आत्मा की शुद्धि का प्रतीक माना जाता है। वे गुफा के पास स्थित अमरनाथ मंदिर में भी प्रार्थना करते हैं और भगवान शिव से सुरक्षित यात्रा का आशीर्वाद मांगते हैं।

गुफा की ओर यात्रा में कई महत्वपूर्ण पड़ाव आते हैं। शेषनाग, जो 3,574 मीटर (11,726 फीट) की ऊँचाई पर स्थित एक सुंदर झील है, एक लोकप्रिय पड़ाव है, जहाँ तीर्थयात्री पवित्र जल में स्नान करते हैं। झील का नाम शेषनाग, नाग देवता के नाम पर रखा गया है, जो यहाँ निवास करते हैं।

पंचतरणी, एक अन्य महत्वपूर्ण पड़ाव, पाँच नदियों का संगम है, जो भगवान शिव के पाँच मुखों से निकली मानी जाती हैं। तीर्थयात्री यहाँ स्नान करते हैं, विश्वास करते हैं कि इससे उनके पाप धुल जाएंगे और उन्हें आध्यात्मिक शुद्धि प्राप्त होगी।

पंचतरणी से अमरनाथ गुफा का अंतिम चरण सबसे कठिन है। रास्ता और भी संकरा और खड़ा हो जाता है, और ऊँचाई बढ़ने के साथ हवा भी पतली होती जाती है। लेकिन बर्फ से घिरी चोटियों के बीच स्थित गुफा का दृश्य तीर्थयात्रियों में एक नई ऊर्जा और दृढ़ संकल्प का संचार करता है।

गुफा पहुँचने पर, तीर्थयात्री अमरनाथ लिंगम की पूजा करते हैं और भगवान शिव का आशीर्वाद प्राप्त करते हैं। गुफा का वातावरण गहरी श्रद्धा और भक्ति का होता है, जहाँ भक्त भजन और मंत्र गाते हैं, उनके दिल में आभार और आश्चर्य से भरा हुआ होता है। अमरनाथ लिंगम का दर्शन एक गहन आध्यात्मिक अनुभव होता है, जो आत्मा को शुद्ध करता है और जन्म-मरण के चक्र से मुक्ति दिलाने वाला माना जाता है।

अमरनाथ यात्रा केवल एक धार्मिक यात्रा नहीं है; यह एक सांस्कृतिक और सामाजिक आयोजन भी है। भारत और विदेशों से आए हुए तीर्थयात्री, भाषाई, क्षेत्रीय और सामाजिक बाधाओं को पार करते हुए एक साथ आते हैं। यह यात्रा आस्था की एकता और आध्यात्मिक ज्ञान की मानविक खोज का प्रतीक है।

श्री अमरनाथजी श्राइन बोर्ड (एसएएसबी), जो मंदिर का प्रबंधन करता है, भक्तों के लिए एक सुरक्षित और सहज यात्रा अनुभव सुनिश्चित करने में महत्वपूर्ण भूमिका निभाता है। बोर्ड मंदिर की दैनिक गतिविधियों का संचालन, भक्तों के लिए आवास और भोजन की व्यवस्था और यात्रा मार्गों का रखरखाव करता है। एसएएसबी कई समाजसेवी कार्य, जैसे चिकित्सा शिविर और पर्यावरण संरक्षण परियोजनाएँ भी चलाता है।

अमरनाथ यात्रा, अपने संघर्षों और पुरस्कारों के साथ, भक्तों पर एक स्थायी प्रभाव छोड़ती है। यह यात्रा, शारीरिक और आध्यात्मिक दोनों ही स्तरों पर, आस्था, सहनशीलता और भक्ति की परीक्षा है। गुफा तक पहुँचने का अनुभव, बर्फीले लिंगम के सामने खड़े होकर देवी की उपस्थिति को महसूस करने का क्षण, एक गहन आध्यात्मिक जागरण का क्षण होता है, जो जीवन में सदाचारी मार्ग पर चलने के संकल्प को पुनः पुष्टि करता है।

ৼৎ

"अमरनाथ, जहाँ भगवान शिव का रहस्यमयी बर्फीला लिंगम गुफा मंदिर स्थित है। इस पवित्र स्थल की यात्रा पर चलें, यात्रा की चुनौतियों का सामना करें और उस दिव्य ऊर्जा का अनुभव करें, जो आत्मा को शुद्ध करती है और मुक्ति प्रदान करती है।"

21

गंगोत्री और यमुनोत्री: गंगा और यमुना का स्रोत - पवित्र नदियाँ

गंगोत्री और यमुनोत्री, जो हिमालय की ऊँचाइयों में बसे हैं, केवल गंगा और यमुना नदियों के भौगोलिक स्रोत नहीं हैं, बल्कि ये वो पूजनीय स्थल हैं जो इन जीवनदायिनी नदियों की आध्यात्मिक महत्ता को प्रकट करते हैं। सदियों से, श्रद्धालु इन पवित्र स्थलों की कठिन यात्रा पर निकलते रहे हैं, इन ठंडी जलधाराओं में शुद्धिकरण और आशीर्वाद पाने के उद्देश्य से। गंगोत्री और यमुनोत्री की यात्रा एक रूपांतरकारी अनुभव है, जो लाखों तीर्थयात्रियों की अदम्य आस्था और भक्ति का प्रमाण है।

गंगोत्री, समुद्र तल से 3,100 मीटर (10,200 फीट) की ऊँचाई पर स्थित, भागीरथी नदी का स्रोत है, जो गंगा की मुख्य सहायक नदियों में से एक है। यह नदी गंगोत्री ग्लेशियर से निकलती है, जो गंगा को पोषित करती है और मैदानों में जीवन का आधार है। गंगोत्री मंदिर, जो देवी गंगा को समर्पित है, एक साधारण किन्तु भव्य संरचना है जो शांति और श्रद्धा का वातावरण प्रस्तुत करती है। मंदिर के गर्भगृह में देवी गंगा की काले पत्थर की मूर्ति स्थापित है, जो फूलों और माला से सजी रहती है। भक्त यहाँ प्रार्थना, अर्पण और देवी से आशीर्वाद प्राप्त करने आते हैं, उनके दिल श्रद्धा और कृतज्ञता से भरे रहते हैं।

गंगोत्री की यात्रा एक कठिन ट्रेक है जिसमें कठिन इलाके, बहती जलधाराओं को पार करना और घने जंगलों के बीच से गुजरना शामिल है। यात्रा, जो दो मार्गों से की जा सकती है - पारंपरिक गंगोत्री ट्रेक मार्ग और छोटा हर्षिल मार्ग, शारीरिक सहनशीलता और मानसिक दृढ़ता की परीक्षा है। लेकिन वहाँ की मनमोहक प्राकृतिक सुंदरता, ताजा पहाड़ी हवा और पूरे क्षेत्र में फैली आध्यात्मिक आभा इस यात्रा को अविस्मरणीय अनुभव बनाती है।

गंगोत्री ट्रेक मार्ग, जो लगभग 18 किलोमीटर (11 मील) लंबा है, उत्तरकाशी से शुरू होता है, जो भागीरथी घाटी में स्थित है। यह मार्ग सुंदर गाँवों, हरे-भरे चारागाहों और घने जंगलों से होकर गुजरता है और हिमालय की बर्फीली चोटियों की झलकियाँ प्रस्तुत करता है। यात्रा में भोजबासा जैसे कैंप भी हैं, जहाँ तीर्थयात्री ठहर कर ग्लेशियर के अद्भुत दृश्य का आनंद लेते हैं।

हर्षिल मार्ग, जो 7 किलोमीटर (4 मील) का छोटा मार्ग है, हर्षिल से शुरू होता है। यह मार्ग कम चुनौतीपूर्ण है, लेकिन इसके लिए भी अच्छी शारीरिक क्षमता की आवश्यकता होती है। यह रास्ता सेब के बगीचों, चीड़ के जंगलों और बुरांश के पेड़ों से होकर गुजरता है और आसपास के पहाड़ों का अद्भुत दृश्य प्रस्तुत करता है।

गंगोत्री पहुँचने पर, तीर्थयात्री भागीरथी नदी के ठंडे जल में डुबकी लगाते हैं, जिसे शरीर और आत्मा को शुद्ध करने वाला माना जाता है। वे गंगोत्री मंदिर में भी प्रार्थना करते हैं और देवी गंगा का आशीर्वाद प्राप्त करते हैं। मंदिर परिसर में यात्रा के समय भारी भीड़ होती है, जहाँ भारत और अन्य देशों से आए भक्त देवी के दर्शन के लिए उमड़ते हैं।

यमुनोत्री, समुद्र तल से 3,293 मीटर (10,804 फीट) की ऊँचाई पर स्थित, यमुना नदी का स्रोत है। यह नदी यमुनोत्री ग्लेशियर से निकलती है, जो यमुना को पोषित करती है और मैदानों में जीवन का आधार है। यमुनोत्री मंदिर, जो देवी यमुना को समर्पित है, एक साधारण किन्तु भव्य संरचना है, जो शांति और श्रद्धा का वातावरण प्रस्तुत करती है। मंदिर के गर्भगृह में देवी यमुना की काले संगमरमर की मूर्ति स्थापित है, जो फूलों और माला से सजी रहती है। भक्त यहाँ प्रार्थना, अर्पण और देवी से आशीर्वाद प्राप्त करने आते हैं।

यमुनोत्री की यात्रा एक चुनौतीपूर्ण ट्रेक है जिसमें कठिन इलाके, ग्लेशियर की धाराओं को पार करना और घने जंगलों के बीच से गुजरना शामिल है। यह यात्रा, जो लगभग 13 किलोमीटर (8 मील) लंबी है, जानकी चट्टी से शुरू होती है और लगभग 6-7 घंटे में पूरी होती है। यात्रा शारीरिक सहनशीलता और मानसिक दृढ़ता की परीक्षा है। लेकिन वहाँ की मनमोहक प्राकृतिक सुंदरता, ताजा पहाड़ी हवा और पूरे क्षेत्र में फैली आध्यात्मिक आभा इस यात्रा को अविस्मरणीय अनुभव बनाती है।

यमुनोत्री पहुँचने पर, तीर्थयात्री यमुना नदी के ठंडे जल में डुबकी लगाते हैं, जिसे शरीर और आत्मा को शुद्ध करने वाला माना जाता है। वे यमुनोत्री मंदिर में भी प्रार्थना करते हैं और देवी यमुना का आशीर्वाद प्राप्त करते हैं। मंदिर परिसर में यात्रा के समय भारी भीड़ होती है, जहाँ भारत और अन्य देशों से आए भक्त देवी के दर्शन के लिए उमड़ते हैं।

गंगोत्री और यमुनोत्री यात्रा, इन पवित्र स्थलों की यात्रा, आस्था, भक्ति और आत्म-खोज की यात्रा है। यात्रा, हालाँकि चुनौतीपूर्ण है, एक की सहनशीलता की परीक्षा और तीर्थयात्रियों की अडिग आस्था का प्रतीक है। पवित्र धामों तक पहुँचने, ठंडे जल में स्नान करने और देवियों की पूजा करने का अनुभव एक गहन आध्यात्मिक जागरण का क्षण होता है, जो आस्था की पुष्टि करता है और धर्मपूर्ण जीवन जीने की दृढ़ता को मजबूत बनाता है।

"गंगोत्री और यमुनोत्री, पवित्र नदियों गंगा और यमुना का स्रोत हैं, जहाँ तीर्थयात्री शुद्धिकरण और आशीर्वाद प्राप्त करने आते हैं। इन पवित्र स्थलों तक की यात्रा एक कठिन परंतु आध्यात्मिक रूप से समृद्ध अनुभव है जो जीवनदायिनी जलधाराओं और उनमें प्रवाहित दिव्य ऊर्जा से जुड़ने का अवसर प्रदान करती है।"

༄

22

पुरी: जगन्नाथ मंदिर - विश्व के स्वामी का रथ यात्रा उत्सव

पुरी, जो पूर्वी भारत के ओडिशा राज्य में एक तटीय शहर है, भगवान जगन्नाथ के मंदिर के लिए प्रसिद्ध है। यह मंदिर भगवान विष्णु के अवतार, भगवान जगन्नाथ को समर्पित है, जो सृष्टि के पालक माने जाते हैं। यह मंदिर अपनी ऊंची संरचना, सुंदर नक्काशी और जीवंत त्योहारों के लिए जाना जाता है, और यहाँ का वार्षिक रथ यात्रा उत्सव पुरी को एक विशेष स्थान बनाता है। इस भव्य आयोजन में लाखों श्रद्धालु और पर्यटक भगवान जगन्नाथ के विशाल रथ पर यात्रा का साक्षात्कार करने आते हैं।

जगन्नाथ मंदिर, जो यूनेस्को विश्व धरोहर स्थल है, एक वास्तुकला का अद्भुत नमूना है और 12वीं शताब्दी का है। इस मंदिर का परिसर एक विशाल क्षेत्र में फैला हुआ है जिसमें कई छोटे मंदिर, मण्डप और आंगन हैं। यहाँ के मुख्य देवता भगवान जगन्नाथ की मूर्ति, उनके बड़े गोल आँखों और अनोखे लकड़ी के स्वरूप के कारण अद्वितीय है। भगवान जगन्नाथ अपने भाई बलभद्र और बहन सुभद्रा के साथ यहां श्रद्धा और भक्ति से पूजे जाते हैं।

रथ यात्रा, जो आषाढ़ (जून-जुलाई) के महीने में होती है, पुरी का सबसे महत्वपूर्ण त्योहार है। इस उत्सव में भगवान जगन्नाथ अपने भाई-बहनों के साथ मुख्य

मंदिर से गुंडिचा मंदिर की ओर यात्रा करते हैं, जो लगभग तीन किलोमीटर दूर है। देवताओं को ऊँचे रथों पर स्थापित किया जाता है, जिन्हें हजारों श्रद्धालुओं द्वारा पुरी की सड़कों पर खींचा जाता है।

रथ, जिन्हें हर साल नए बनाये जाते हैं, लकड़ी के बने होते हैं और सुंदर नक्काशी और रंगीन कपड़ों से सजाए जाते हैं। भगवान जगन्नाथ का रथ नंदीघोष सबसे ऊँचा होता है, जिसकी ऊँचाई 45 फीट है और वजन 13 टन से भी अधिक होता है। बलभद्र का रथ तालध्वज 44 फीट ऊँचा और सुभद्रा का रथ दर्पदलन 43 फीट ऊँचा होता है।

रथ यात्रा का दृश्य अद्भुत होता है। पुरी की सड़कों पर लाखों श्रद्धालु जमा होते हैं, जो मंत्र और प्रार्थना का उच्चारण करते हुए रथों को खींचते हैं। शंख, घंटियाँ और ढोल की आवाज से हवा गूँज उठती है, जो एक उत्सव और आनंदमयी माहौल बनाती है। रथों का जुलूस, जिसमें संगीतकार, नर्तक और कलाबाज भी शामिल होते हैं, ओडिशा की समृद्ध सांस्कृतिक परंपराओं को दर्शाता है।

रथ यात्रा केवल एक धार्मिक त्योहार नहीं है, यह एक सामाजिक और सांस्कृतिक आयोजन भी है जो विभिन्न जाति, धर्म और समाज के लोगों को एक साथ लाता है। यह त्योहार एकता, विविधता और भक्ति का उत्सव है। अलग-अलग समुदायों के लोग इसमें भाग लेते हैं और भाईचारे का संदेश फैलाते हैं।

रथ यात्रा का समय भोज और आनंद का भी होता है। श्रद्धालु भगवान जगन्नाथ को विभिन्न प्रकार के पकवान अर्पित करते हैं, जिन्हें एक धार्मिक भोजन के रूप में सभी के बीच बांटा जाता है।

रथ यात्रा ओडिशा की समृद्ध सांस्कृतिक धरोहर का जीवंत चित्रण है। इस त्योहार की विधियाँ, परंपराएँ और रीति-रिवाज हिंदू पौराणिक कथाओं में गहराई से जड़े हुए हैं और पीढ़ियों से चलती आ रही हैं। यह विश्वास की शक्ति और आध्यात्मिक उन्नति की मानवीय खोज का प्रतीक है।

जगन्नाथ मंदिर, अपनी समृद्ध इतिहास, भव्य वास्तुकला और आध्यात्मिक महत्व के साथ, लाखों लोगों के लिए प्रेरणा का स्रोत है। मंदिर का वार्षिक रथ

यात्रा उत्सव एक महान भक्ति और उत्सव का दृश्य है, जो आस्था की शक्ति और आध्यात्मिक संबंध की मानवीय खोज का प्रतीक है।

मंदिर की प्रशासनिक इकाई, श्री जगन्नाथ मंदिर प्रशासन (SJTA), रथ यात्रा के आयोजन और प्रबंधन में महत्वपूर्ण भूमिका निभाती है। यह संगठन राज्य सरकार और विभिन्न एजेंसियों के सहयोग से लाखों श्रद्धालुओं के लिए एक सुरक्षित और सुविधाजनक यात्रा अनुभव सुनिश्चित करता है।

रथ यात्रा का यह अनुभव, जिसमें चुनौतियाँ और सुख दोनों शामिल हैं, एक परिवर्तनकारी अनुभव है जो श्रद्धालुओं पर स्थायी प्रभाव छोड़ता है। यह यात्रा, शारीरिक और आध्यात्मिक रूप से, आस्था, सहनशीलता और भक्ति की परीक्षा है। रथ खींचने, भव्य जुलूस का साक्षी बनने और प्रसाद ग्रहण करने का अनुभव एक गहरे आध्यात्मिक जागरण का क्षण होता है।

अंत में, पुरी की रथ यात्रा सिर्फ एक उत्सव नहीं है; यह जीवन, आस्था और समुदाय का उत्सव है। यह आत्मनिरीक्षण, आत्म-खोज और आध्यात्मिक नवीकरण का समय है। यह लोगों को एक साथ आने और भक्ति की खुशी को साझा करने का अवसर प्रदान करता है। रथ यात्रा अपने जीवंत रंगों, लयबद्ध ध्वनियों और आध्यात्मिक उत्साह के साथ, आस्था की शक्ति और दिव्य संबंध की मानवीय खोज का एक उत्कृष्ट उदाहरण है।

"पुरी, जहाँ जगन्नाथ मंदिर की वार्षिक रथ यात्रा भक्ति और उत्सव का एक भव्य दृश्य है जो लाखों श्रद्धालुओं को एकत्रित करती है। विशाल रथों की यात्रा को देखें और इस अनोखे त्योहार के जीवंत रंगों, लयबद्ध ध्वनियों और आध्यात्मिक उत्साह का अनुभव करें।"

23

कोणार्क: सूर्य मंदिर - वास्तुकला का अद्भुत नमूना और यूनेस्को विश्व धरोहर स्थल

ओडिशा के तट पर स्थित छोटा सा शहर कोणार्क, प्राचीन भारतीय वास्तुकला का अद्भुत उदाहरण है, जो आज भी लोगों को विस्मित और प्रेरित करता है। यूनेस्को विश्व धरोहर स्थल, कोणार्क का सूर्य मंदिर, 13वीं सदी में निर्मित इस भव्यता का प्रतीक है, जो उन कारीगरों और इंजीनियरों की कुशलता और समर्पण को दर्शाता है जिन्होंने इसे बनाया। इसका अनोखा डिज़ाइन, जटिल नक्काशी और सूर्य देवता सूर्य की प्रतीकात्मकता भारत की समृद्ध सांस्कृतिक और आध्यात्मिक धरोहर का प्रतिनिधित्व करते हैं।

कोणार्क का सूर्य मंदिर, जिसे काले पगोडा के नाम से भी जाना जाता है, कलिंगा वास्तुकला का एक उत्कृष्ट नमूना है, जो मध्यकाल में इस क्षेत्र में पनपी। इसे पूर्वी गंगा राजवंश के राजा नरसिंहदेव प्रथम ने बनवाया था और यह एक विशाल रथ के रूप में डिजाइन किया गया है, जिसमें पहिए, घोड़े और सारथी का रूप है। यह अनोखा वास्तुशिल्प सूर्य देवता के आकाशीय यात्रा का प्रतीक है।

मंदिर का मुख्य ढांचा, देउला, 229 फीट ऊँचा है और इसमें विभिन्न देवी-देवताओं,

आकाशीय प्राणियों और हिंदू पौराणिक कथाओं के दृश्यों की जटिल नक्काशी की गई है। मंदिर की दीवारों पर हाथियों, घोड़ों, शेरों और पौराणिक जीवों की मूर्तियाँ हैं, जिन्हें सूक्ष्म विवरण के साथ उकेरा गया है। मंदिर का आधार, जिसे जगति कहते हैं, एक रथ के आकार में है और इसमें बारह जोड़ी पहिए हैं, जो साल के बारह महीनों का प्रतीक हैं। पहियों में खूबसूरती से नक्काशी की गई है और इनमें योद्धाओं और सुंदरियों के चित्र अंकित हैं।

कोणार्क का सूर्य मंदिर केवल एक धार्मिक स्थल नहीं है; यह कला, वास्तुकला और इंजीनियरिंग का उत्सव है। इसकी जटिल नक्काशी और मूर्तियाँ उन कलाकारों की प्रतिभा और रचनात्मकता का प्रमाण हैं जिन्होंने इसे बनाया। इसकी अनूठी डिज़ाइन और रथ के आकार का प्लेटफ़ॉर्म आज भी दर्शकों को विस्मित करता है।

मंदिर में सूर्य देवता सूर्य का प्रतीकात्मक चित्रण हर पहलू में दिखता है। बारह जोड़ी पहिए साल के बारह महीनों का प्रतीक हैं और सात घोड़े, जो रथ को खींचते हैं, सप्ताह के सात दिनों का प्रतिनिधित्व करते हैं। मंदिर का मुख्य द्वार पूर्व दिशा की ओर है, जिससे सूर्य की पहली किरणें गर्भगृह को रोशन करती हैं।

सूर्य मंदिर का सांस्कृतिक और धार्मिक महत्व भी गहरा है। मध्यकाल में यह एक प्रमुख तीर्थस्थल और पूजा का केंद्र था, जहाँ दूर-दूर से श्रद्धालु आते थे। यहां का वार्षिक चंद्रभागा मेला, जो सूर्य देवता के सम्मान में मनाया जाता है, आज भी एक प्रमुख आयोजन है, जिसमें हजारों आगंतुक शामिल होते हैं।

कोणार्क का सूर्य मंदिर समय की चुनौतियों और प्राकृतिक आपदाओं का सामना कर चुका है। इसका मुख्य ढांचा गिर गया है और कई मूर्तियाँ क्षतिग्रस्त हो गई हैं। फिर भी भारतीय पुरातत्व सर्वेक्षण ने इस वास्तुशिल्प रत्न को भविष्य की पीढ़ियों के लिए संरक्षित करने हेतु व्यापक बहाली और संरक्षण कार्य किए हैं।

सूर्य मंदिर की जटिल नक्काशी और मूर्तियाँ केवल सजावटी तत्व नहीं हैं; वे हिंदू पौराणिक कथाओं और दर्शन की समृद्धता का दृश्य चित्रण हैं। मंदिर की दीवारों पर विभिन्न देवताओं की मूर्तियाँ हैं, जिनमें सूर्य देवता, विष्णु और शिव भी शामिल हैं। मंदिर के कामुक शिल्प, जिन्हें मिथुन कहा जाता है, प्राचीन भारतीय संस्कृति में जीवन और उर्वरता के उत्सव का प्रतीक हैं।

मंदिर का स्थापत्य कला न केवल कलात्मक कौशल का प्रदर्शन है, बल्कि उस समय के वैज्ञानिक और खगोलीय ज्ञान का भी प्रतिबिंब है। इसके बारह पहियों में सूर्य घड़ी की तरह समय नापने की क्षमता है और मुख्य द्वार का पूर्व दिशा में होना सूर्य की किरणों को गर्भगृह में प्रवेश कराने के लिए एक विज्ञानसिद्ध तथ्य है।

सूर्य मंदिर ओडिशा की समृद्ध इतिहास और धरोहर का प्रतीक है। इसे 11वीं से 15वीं शताब्दी के बीच पूर्वी गंगा राजवंश के शासनकाल में बनाया गया था। पूर्वी गंगा राजवंश कला और स्थापत्य के संरक्षक थे और कोणार्क का सूर्य मंदिर उनके गौरवशाली इतिहास की गवाही देता है।

कोणार्क का सूर्य मंदिर केवल अतीत का स्मारक नहीं है; यह मानवीय रचनात्मकता और भक्ति की स्थायित्व का जीवित प्रमाण है। यहाँ आने वाले सभी लोग इसकी सुंदरता और अद्वितीयता से अभिभूत हो जाते हैं और इसकी धरोहर आज भी लोगों के दिलों और दिमाग में जीवित है।

"कोणार्क, जहाँ सूर्य मंदिर, एक यूनेस्को विश्व धरोहर स्थल, प्राचीन भारत की वास्तुकला की अद्वितीयता का प्रमाण है। मंदिर की जटिल नक्काशी और मूर्तियों का अन्वेषण करें, जो हिंदू पौराणिक कथाओं और दर्शन का दृश्य प्रतिनिधित्व हैं, और इसके अद्वितीय डिजाइन की प्रशंसा करें जो सूर्य देवता सूर्य की आकाशीय यात्रा को दर्शाता है।"

༄

24

सारनाथ: भगवान बुद्ध का पहला उपदेश स्थल - आत्मज्ञान की भूमि

वाराणसी के पास स्थित सारनाथ, बौद्ध इतिहास और आध्यात्मिकता के ताने-बाने में गहरी महत्वपूर्ण भूमिका निभाता है। यह शांत हिरण उद्यान, जो शांति और ज्ञान के वातावरण में लिपटा हुआ है, वह स्थान है जहाँ गौतम बुद्ध ने आत्मज्ञान प्राप्ति के बाद अपना पहला उपदेश दिया था। सदियों से, सारनाथ एक तीर्थ स्थल बना हुआ है, जहाँ दुनिया भर से बौद्ध श्रद्धालु बुद्ध की याद में श्रद्धांजलि देने और उनके पदचिन्हों पर चलने आते हैं।

सारनाथ में प्रवेश करना मानो समय में पीछे लौटने जैसा है, जहाँ प्राचीन ज्ञान की गूँज अब भी हवा में महसूस की जा सकती है। धामेक स्तूप, एक विशाल बेलनाकार संरचना, बुद्ध के पहले उपदेश का प्रतीक है जिसे धर्मचक्र प्रवर्तन या "धर्म के चक्र को घुमाना" कहा जाता है। इस महत्वपूर्ण घटना ने बुद्ध के उपदेशों और बौद्ध धर्म के प्रसार की शुरुआत की थी।

धामेक स्तूप, जो 5वीं सदी ईस्वी में सम्राट अशोक द्वारा बनवाया गया था, सारनाथ के परिदृश्य में एक भव्य संरचना है। इस स्तूप का आधार बेलनाकार है और इसे सुंदर नक्काशी और शिलालेखों से सजाया गया है, जो 43.6 मीटर (143 फीट) की ऊँचाई तक पहुंचता है। स्तूप का गुम्बद बुद्ध के ज्ञान का प्रतीक है और

उसके ऊपर छत्र स्थापित है, जो उनके आध्यात्मिक अधिकार को दर्शाता है।

चौखंडी स्तूप, सारनाथ का एक और महत्वपूर्ण स्थल है, जहाँ माना जाता है कि बुद्ध ने आत्मज्ञान प्राप्ति के बाद अपने पांच पूर्व साथियों से मुलाकात की थी। इस स्तूप का निर्माण मूल रूप से 5वीं सदी में एक मंदिर के रूप में हुआ था, जिसे 16वीं सदी में सम्राट अकबर द्वारा एक अष्टकोणीय मीनार जोड़कर संवारा गया था। इस स्तूप की अनूठी वास्तुकला, जो बौद्ध और मुगल शैलियों का मिश्रण है, इस क्षेत्र में विविध सांस्कृतिक प्रभावों को दर्शाती है।

मूलगंधकुटी विहार, जो 20वीं सदी के आरंभ में निर्मित एक आधुनिक मंदिर है, बौद्धों के लिए एक श्रद्धेय स्थल है। इस मंदिर में उपदेश मुद्रा में बुद्ध की सुंदर मूर्ति स्थापित है, जिसमें उनका दाहिना हाथ अभय मुद्रा में उठा हुआ है, जो निर्भयता का संकेत है। मंदिर की दीवारें बुद्ध के जीवन और उनके उपदेशों के सुंदर चित्रों से सजाई गई हैं।

धामेक स्तूप के पास स्थित सारनाथ पुरातात्विक संग्रहालय, बौद्ध कला और कलाकृतियों का खजाना है। इस संग्रहालय में मौर्य और गुप्त काल के समय की मूर्तियाँ, शिलालेख और अवशेष हैं। संग्रहालय का सबसे महत्वपूर्ण धरोहर अशोक स्तंभ का सिंह शीर्ष है, जिसमें चार एशियाई सिंहों की एक शानदार मूर्ति है, जिसे भारत के राष्ट्रीय प्रतीक के रूप में अपनाया गया है।

अशोक स्तंभ, जो सारनाथ का एक और महत्वपूर्ण स्मारक है, सम्राट अशोक द्वारा तीसरी सदी ईसा पूर्व में बनवाया गया एक एकाश्म स्तंभ है। इस स्तंभ की ऊँचाई 15.2 मीटर (50 फीट) है और इसमें अशोक के धर्म संबंधी आदेशों का अंकन है, जो उनके धार्मिक नीति का सार प्रस्तुत करता है।

सारनाथ केवल प्राचीन स्मारकों का संग्रह नहीं है; यह बुद्ध की अमर विरासत का जीवंत प्रतीक है। यह शहर कई मठों और ध्यान केंद्रों का घर है, जहाँ विभिन्न बौद्ध परंपराओं के साधु और साध्वियाँ रहते हैं और साधना करते हैं। ये मठ बौद्ध धर्म के उपदेशों को जीवित रखने और प्रचार-प्रसार में महत्वपूर्ण भूमिका निभाते हैं।

महाबोधि सोसाइटी मंदिर, एक आधुनिक मंदिर परिसर, सारनाथ में बौद्ध गतिविधियों का केंद्र है। इस मंदिर में एक बोधि वृक्ष है, जो उस मूल वृक्ष का वंशज है जिसके नीचे बुद्ध ने ज्ञान प्राप्त किया था, और एक ध्यान मुद्रा में बुद्ध की प्रतिमा भी है। मंदिर परिसर में एक पुस्तकालय, संग्रहालय और ध्यान केंद्र भी है, जो आध्यात्मिक शिक्षा और साधना के लिए एक स्थान प्रदान करता है।

1969 में दलाई लामा द्वारा स्थापित सारनाथ इंटरनेशनल न्यिंगमा इंस्टीट्यूट, तिब्बती बौद्ध धर्म के अध्ययन और अभ्यास का केंद्र है। यह संस्थान बौद्ध दर्शन, ध्यान और तिब्बती भाषा के पाठ्यक्रम प्रदान करता है, जो विश्वभर के छात्रों को आकर्षित करता है।

थाई मंदिर, जो पारंपरिक थाई शैली में निर्मित है, सारनाथ में एक और लोकप्रिय तीर्थ स्थल है। इस मंदिर का शांत वातावरण और सुंदर सजावट इसे ध्यान और चिंतन के लिए एक शांति से भरा स्थान बनाते हैं।

सारनाथ का आध्यात्मिक वातावरण केवल मंदिरों और मठों तक सीमित नहीं है। यहाँ का हिरण उद्यान, हरियाली से भरपूर क्षेत्र, बुद्ध के पहले उपदेश का प्रतीक है, जहाँ उन्होंने पाँच तपस्वियों को अपने उपदेश दिए थे। हिरण उद्यान का शांत वातावरण और वन्य जीवन इसे ध्यान और चिंतन के लिए एक लोकप्रिय स्थान बनाते हैं।

सारनाथ, अपने समृद्ध इतिहास, पवित्र स्थलों और जीवंत आध्यात्मिक समुदाय के साथ, आत्मा को जागृत करने और मन को शांत करने का एक स्थान है। यहाँ आकर व्यक्ति बौद्ध धर्म की मूल भावना से जुड़ सकता है, इसके उपदेशों में गहराई तक जा सकता है और आत्म-खोज तथा आत्मज्ञान की एक परिवर्तनकारी यात्रा का आरंभ कर सकता है।

༚

उद्धरण और संदर्भ

यह पुस्तक व्यापक अनुसंधान और सूक्ष्म विश्लेषण का परिणाम है, जिसमें विभिन्न स्रोतों जैसे अनेक पुस्तकों, विद्वानों के अध्ययन और व्यक्तिगत अनुभवों को सम्मिलित किया गया है। इसके अतिरिक्त, मैंने इस कार्य को संकलित करने के लिए प्रासंगिक जानकारी और आंकड़े जुटाने हेतु विभिन्न वेबसाइटों की भी खोज की है। मैंने प्रस्तुत जानकारी की सटीकता सुनिश्चित करने के लिए हर संभव प्रयास किया है और सभी स्रोतों का विधिपूर्वक उल्लेख किया है ताकि उनके योगदान को सम्मानित किया जा सके।

इन प्रयासों के बावजूद, अनजाने में त्रुटियाँ होने की संभावना बनी रहती है। मैं अपने पाठकों के विचारों को अत्यधिक महत्व देता हूँ और किसी भी ऐसी त्रुटि की पहचान करने और उसे सुधारने के लिए आपके फीडबैक का स्वागत करता हूँ। मैं आपसे आग्रह करता हूँ कि किसी भी प्रकार की विसंगतियों को मेरी जानकारी में लाएँ।

आपका फीडबैक न केवल स्वागत योग्य है बल्कि अत्यावश्यक भी है, क्योंकि यह वर्तमान संस्करण में सुधार लाने और भविष्य के संस्करणों की सामग्री को और बेहतर बनाने में मदद करेगा। मैं अपनी कृतियों में उच्चतम स्तर की सटीकता और विश्वसनीयता बनाए रखने के प्रति प्रतिबद्ध हूँ और आपके समर्थन और समझ के लिए धन्यवाद देता हूँ।

इसके अतिरिक्त, मैं संविधान के अनुच्छेद 19(1)(क) के तहत गारंटीकृत अभिव्यक्ति की स्वतंत्रता के सिद्धांत का दृढ़ता से पालन करती हूँ और अपने सभी पाठकों के विविध दृष्टिकोणों और अभिव्यक्तियों का सम्मान करता हूँ।

Other Books Of The Author

1. Empowering Minds: A Journey into Women's Self-Discovery and Power
2. The Dynamics of Motivation: Catalyzing Thought into Action
3. Meditation and Mental Well Being: The Path to Inner Peace and Clarity
4. The Psychology of Child Education: Nurturing Future Generations
5. Ethical Enlightenment: A Modern Guide to Living with Integrity
6. Voices of Empowerment: Stories of Women Rising Against Odds
7. Social Psychology in Everyday Life: Understanding Human Connections
8. The Essence of Motivational Speaking: Inspiring Change in Others
9. Balancing Acts: Women, Work, and the Will to Lead
10. Guiding with Grace: Raising Children with Compassion and Awareness
11. The Power of Positive Aging: Embracing Life After Fifty
12. Building Resilient Communities: Social Work in Action
13. The Ethical Educator: Principles for Teaching and Learning
14. Innovative solutions for Social Change: The Role of Social Psychology for crafting a Better World
15. The Ethics of Empathy: A Guide to Ethical Living
16. The Science of Empowering the Self: Navigating Life's Challenges with Psychological Wisdom
17. The Mindful Conscious Leader: Meditation Techniques for Modern Management
18. Pioneering Spirit: Women's Pathways to Leadership and Empowerment
19. Feeling to Healing: The Role of Emotional Intelligence in Child Development
20. Transformative Talks and Words of Inspiration: Insights into

◦◡◦

Dr. Minakshi Bansal
Social Activist
Ahmedabad, Gujarat, Bharat

dhanyamfoundation@gmail.com

|| LOKAHA SAMASTHAHA SUKHINO BHAVANTU ||